D1928373

Eine kulinarische Reise mit

Theodor Fontane

Mit Texten von Luise Berg-Ehlers,
Rezepten von Jutta Schreiber und
Fotografien von Gregor M. Schmid

DUMONT

Prolog

Das Lebensbild eines Dichters aus dem Geiste der Kulinarik zu zeichnen, verlangt den Gebrauch einer besonderen Palette: Farben gewinnen eine andere Qualität, erhalten jenseits der bekannten Metaphorik eine neue Bedeutung; Felder und Gewächshäuser liefern Weizengelb und Kürbisgelb, Weiden und Ställe Milchweiß und Wollweiß, Flüsse und Seen Forellenblau und Hechtgrün, Obstgärten und Weinberge Kirschrot und Weinrot, und auf literarischen Tischen und Tafeln fügen sich die Einzelheiten zu den Vorstellungen von Gastlichkeit zusammen, die ein Autor besitzt.

Für Theodor Fontane, den Romancier und Wanderer, liegen die Felder und Gewächshäuser im Spreewald und in der Picardie, die Weiden und Ställe im Oderbruch und in Lothringen, gefischt wird in Havelseen und schottischen Lochs, und Früchte erntet man in Werder und in Epernay. Wenn man ihn auf seinen Gängen durch die Gesellschaft Berlins und durch die Landschaft der Mark Brandenburg begleitet, wenn man den Weg zu Kriegsschauplätzen und Metropolen nicht scheut, dann kann man mit Fontane an den unterschiedlichsten Stätten Europas im 19. Jahrhundert zu Gast sein.

Fontane war in jeder Hinsicht ein Gourmet, allerdings einer, der sich meist zum Genießen einladen ließ und nur in den atmosphärisch dichten Darstellungen seiner Werke kulinarische Kreativität entwickelte. Sehr viel lieber nämlich überließ er diese seinen Gastgebern und deren Köchinnen, den Hoteliers, an deren Table d'hôte er speiste, oder seiner Frau, deren Haushaltsbücher und Küchenzettel die Speisegewohnheiten einer gutbürgerlichen Familie überliefern.

Er war ein kritischer Gast, der seine Kennerschaft nicht erst auf zahlreichen Reisen und auf seinen berühmten Wanderungen durch die Mark Brandenburg erworben hatte, sondern der bereits in seinen Kinderjahren die Freuden einer guten Küche erfahren durfte. Häufig beeinträchtigte zwar sein empfindlicher Magen den vollkommenen Genuß,

Wilhelm Barth: Die Stadt Neuruppin, 1836

aber das hinderte ihn nicht daran, sich auch zu einem Gourmand auszubilden. Seine Braut, die er nach einer langen Verlobungszeit endlich heiratete, mußte bei der Hochzeitsfeier erleben, daß ihr Bräutigam sich so wenig durch die Festredner vom Essen abhalten ließ, daß der Pfarrer sie mit den mitleidigen Worten in die Ehe schickte: »Liebe Emilie, wenn *der* so fortfährt, so wird seine Verpflegung Ihnen allerhand Schwierigkeiten machen.«

Allerdings ist es eine für den Plauderer Fontane höchst seltene Situation, daß er beim Essen schweigt. Von dem Satiriker Adolf Glaßbrenner ist die Feststellung überliefert: Der Berliner ißt, um dabei zu lesen. Für Fontane und die Personen seiner Werke muß die Aussage entscheidend geändert werden: Der Berliner ißt, um dabei Gespräche zu führen!

Kein Roman, keine Autobiographie, kein Band der Wanderungen, in denen nicht ausführlich, genußvoll und in gesprächiger Geselligkeit opulente Diners, frugale Abendessen und reichhaltige Imbisse eingenommen werden. Und immer sind diese Mahlzeiten Anlaß und Thema humorvoller Causerien wie ernsthafter Unterhaltungen, ja sogar philosophisch anmutender Dialoge. Und auch die für Fontane so typischen Aphorismen sparen das Thema ›Essen‹ nicht aus. Im »Stechlin« z. B. setzen die in einer Reichstagswahl unterlegenen konservativen Honoratioren die Prioritäten sehr deutlich: »Siegen ist gut, aber zu Tische gehen ist noch besser«, und mit gutem Appetit wechselt man von der Tagesordnung zur Tischordnung.

Theodor Fontane ist der Autor der Gesellschaft und der Gesellschaften seiner Zeit – und diese Zeit umfaßt nahezu das gesamte 19. Jahrhundert. Mit ihm zu Gast zu sein, läßt uns mit den unterschiedlichsten Menschen zusammenkommen, läßt uns in ihren Gesprächen ihre Welt und in ihren Genüssen ihre Persönlichkeiten kennenlernen, und zugleich erfahren wir auch vieles über Fontane und seine Welt.

Die Bedeutung, die Fontane der Geselligkeit bei einem guten Essen beimißt, erinnert an Jean Anthelme Brillat-Savarin und dessen Aussagen über die Feinschmeckerei in seinem berühmten Buch über die »Physiologie des Geschmacks«:

Die Feinschmeckerei ist eines der stärksten gesellschaftlichen Bande; sie breitet täglich jenen geselligen Geist aus, der die verschiedenen Stände vereinigt, sie miteinander verschmilzt, die Unterhaltung belebt und die Ecken der gebräuchlichen Ungleichheit abschleift.

Vorbemerkung zu den Kochrezepten

Die Rezepte wurden weitgehend nach alten Quellen gestaltet, wenn notwendig jedoch modernen Kochgewohnheiten angepaßt. Die Mengenangaben beziehen sich im allgemeinen auf 4–5 Personen (bei Kuchen, Bowlen, großen Braten etc. auf mehr Personen). Wenn in den Rezepten die Verwendung von Butter angegeben wird, kann diese immer dann durch Margarine ersetzt werden, wenn es sich um Brat- oder Backvorgänge handelt, nicht aber beim Verfeinern von Saucen, Gemüsen oder Fischgerichten. Bei der Rezeptangabe von Zitronen- oder Orangenschale sind grundsätzlich unbehandelte Früchte zu nehmen, bei der Angabe von Petersilie ist die glatte Sorte vorzuziehen. Die angegebenen Kochzeiten sind flexibel zu handhaben und der Kocherfahrung des Lesers anvertraut.

»Die Klosterkirche von Neuruppin ist ein alter, in gotischem Stile aufgeführter Backsteinbau aus der Zeit um 1250.«

Kulinarische Kinderjahre

Wenn ein Dichter sich in seine Kindheit zurückversetzen und sie vor sich und dem Leser erstehen lassen will, muß er nicht unbedingt in Tee getauchte Madeleines verspeisen. Theodor Fontane verordnete sich auf Anraten seines Hausarztes die Rückschau als Therapie während einer schweren Krankheit, und es waren vor allem zwei Städte, die er in der Erinnerung besuchte, als er 1892 seine Autobiographie »Meine Kinderjahre« schrieb: die kleine märkische Garnisonsstadt Neuruppin, in der er 1819 als Sohn des Besitzers der Löwen-Apotheke geboren wurde, und die pommersche Hafenstadt Swinemünde, in die Familie Fontane 1827 übersiedelte.

Sein Urteil über die Geburtsstadt ist durchaus zwiespältig, denn einerseits rühmt er die schöne Lage, die sich durch malerisch angelegte Gärten und Parks auszeichnet und ihren besonderen Reiz durch den weiten Ruppiner See erhält. Andererseits aber hat man nach dem großen Brand 1787 die kleine Provinzstadt im weitläufigen Stile einer reichen Residenz wiederaufgebaut, wodurch nicht etwa der Eindruck von Großzügigkeit, sondern nur der von Öde und Langeweile entstand. Die raumverschwendende Anlage der Garnisonsstadt, die ihre großen Tage zur Zeit des Kommandanten Kronprinz Fritz, des späteren Friedrich II., erlebte, vergleicht Fontane mit einem auf Zuwachs gemachten großen Staatsrock, in den der Betreffende, weil er von Natur aus klein ist, nie hineinwachsen wird.

Über Swinemünde dagegen – auf den ersten Blick, so Fontane, ein unschönes Nest – urteilt er sehr viel positiver, denn dies ist die Stadt, in der er als Kind glücklich war. Der Reiz des Ortes liegt vor allem in der eigentümlichen Lebendigkeit, die eine Hafenstadt von jeher auszeichnet; Handel und Schiffahrt geben dem Ostseestädtchen ein geradezu weltoffenes Gepräge, das auf seine Einwohner nicht ohne Einfluß bleibt.

Fontanes Vorfahren waren Hugenotten, die Ende des 17. Jahrhunderts aus dem Süden Frankreichs, aus der Gascogne und den Cevennen, als Refugiés nach Preußen kamen, um nach der Aufhebung des Edikts von Nantes der Verfolgung der Protestanten zu entfliehen. Sie ließen sich in Brandenburg nieder, wo Fontanes Großvater väterlicherseits Dienst nahm am Hofe von Friedrich Wilhelm II. und Königin Luise – zuerst als Zeichenlehrer der Kinder, dann als Sekretär der Königin. Seine Ehefrau, sicherlich vor allem für den eigenen Haushalt zuständig, hat zuweilen wohl auch in der königlichen Küche in die Töpfe geguckt und sah, was bei der vom Volke verehrten Königin auf den Tisch kam.

In einem Kochbuch, das die Schwestern Theodor Fontanes später unter dem Titel »Wie man in Berlin zur Zeit der Königin Luise kochte« veröffentlichten, überlieferte sie der Nachwelt die Rezepte, nach denen man am Hofe zu kochen und zu genießen pflegte. Man darf annehmen, daß auch in der Küche der Familie Fontane nach den im Jahre 1795 niedergeschriebenen Aufzeichnungen der Großmutter zuweilen gekocht wurde. Louis Henri Fontane, der Vater des Dichters, war Historiker aus Leidenschaft und Feinschmecker aus Neigung, und sein Stolz auf die preußische Geschichte – trotz eines Faibles für Napoleon und dessen Marschälle – ließ ihn vermutlich auch die Küchentradition der preußischen Monarchen bewundern. Immerhin belegt das Kochbuch nach dem im Vorwort geäußerten Urteil der Herausgeberinnen, daß man schon um das Jahr 1800 in Berlin einen feinen Tisch mit Beigabe von Delikatessen aller Art sehr wohl kannte und zu würdigen wußte.

Auch die Gesellschaft in Swinemünde schätzt ein gutes Essen, eine üppig bestückte Tafel, und Louis Henri Fontane und seine Frau gehören in der Ostseestadt zu denen, deren gastliches Haus gerne besucht wird. Noch ist der Apotheker einer der tonangebenden Honoratioren des Ortes, doch sind die Gesellschaften, bei denen er das geistreiche Wort führt, allzu häufig Jeuabende; dort spielt er mit Hingabe Whist en trois, ohne an die Begrenztheit seiner finan-

»Das Luisen-Denkmal zu Gransee hält das rechte Maß: es spricht nur für sich und die Stadt und ist rein persönlich in dem Ausdruck seiner Trauer. Und deshalb rührt es.«

ziellen Mittel zu denken oder auf die ständigen wirtschaftlichen Sorgen seiner Ehefrau Rücksicht zu nehmen. Für Theodor Fontane jedoch ist Swinemünde der Ort einer idyllischen Kindheit, der Schauplatz wilder Spiele und phantasievoller Abenteuer, die er mit seinen Gefährten in Haus und Garten, am Bollwerk des Hafens, am Ufer des Flusses und am Strand der Ostsee erlebt. Er fühlt sich in einer scheinbar sicheren Häuslichkeit geborgen, deren Bedrohtheit er zwar ahnt, wenn er die Eltern streiten hört, die ihm aber noch durch die haushälterisch-strenge Fürsorge der Mutter und die liebevoll-erzieherischen Talente des Vaters erhalten bleibt.

Das Haus, das die Familie in Swinemünde bezieht, wird vom Vater mit recht zweifelhaftem Erfolg renoviert – so sieht es jedenfalls sein Sohn siebzig Jahre später. Er sieht aber auch, daß es sich seine Eltern in diesem himmelblau gestrichenen Heim recht behaglich eingerichtet haben. Seine Mutter zieht in einen Salon mit mythologisierendem Deckenbild und Möbeln, die nach Entwürfen von Schinkel gefertigt worden sind. In diesem Raum verbringt sie den größten Teil des Tages und empfängt, assistiert von ihrem Sohn Theodor, Gäste zum Kaffee.

Für sie ist es die schönste Zeit des Tages, denn Gemütlichkeit und Genuß bestimmen das Zusammensein mit Freundinnen und Nachbarinnen, bei dem sie als Gastgeberin im Mittelpunkt steht. Üppig gefüllte Kuchenkörbe schicken einen verführerischen Duft durch das Zimmer, und hübsche Tassen warten darauf, mit dem köstlichen, frisch aufgebrühten Kaffee gefüllt zu werden. Das Brühen wird mit einer etwas merkwürdigen, aber sinnreichen Vorrichtung bewerkstelligt: Diese stellt eine Art Zwitterwesen dar zwischen einem mobilen Kohleofen und einem Samowar, das ständig für kochendes Wasser sorgt. Für die Mutter ist sicherlich die Möglichkeit zu regen Gesprächen das Wichtigste; sie verfügt, ebenso wie ihr Mann, über ein besonderes Plaudertalent, das sie virtuos zu nutzen versteht – ihr Sohn Theodor wird später von diesem Erbe profitieren. Noch aber betrachtet er mit heimlichem Interesse die mit Miniaturbildern geschmückten Tassen, vorzugsweise Darstellungen von Amor, Venus und ihren Gespielen, und er

Der Vater Fontanes, Louis Henri, in einer Bleistiftzeichnung von Helmuth Raetzer, 1859

Die Mutter Fontanes, Emilie. Die Tochter eines Seidenspinners heiratete Louis Henri 1819.

leidet Tantalusqualen, weil die Damen über ihren lebhaften Gesprächen völlig denjenigen vergessen, der eifrig die Kuchenplatten präsentiert und auf Leckereien hofft.

Auch der Vater hat sich sein Wohnzimmer nach seinem Geschmack herrichten lassen – einem Geschmack allerdings, der das ironische Urteil des Sohnes herausfordert. Die braun-weiß gemusterte Tapete ersetzt einen dunkel-tristen Anstrich, und der schwarze und abgestoßene Ofen macht einem Neubau Platz. Dieser besteht aus blanken graugrünen Kacheln, deren jede mit dicken, nach unten fließenden roten Glasurtropfen verziert ist – ein Ornament, das nach Fontanes Meinung eher in ein Schlachthaus gepaßt hätte. In diesem Zimmer pflegt sich der Vater vor einem schmalen Spiegel für die Abendeinladungen sorgfältig herzurichten, wobei die schwierigste und zugleich schmerzhafteste Präparation im Ablösen und erneuten Anlegen einer »Tour«, eines Perückenteils besteht, auf das der eitle Gesellschaftsmensch Louis Henri nicht verzichten mag.

Liebevoll beschreibt Fontane das gesamte Anwesen, das zwar im Wohnbereich recht fragwürdig war, in Hof und Garten aber die Begeisterung des kleinen Theodor hervorrief. Und wenn man die Detailfreude sieht, mit der Fontane – sich an die sommerliche Idylle erinnernd – Blumen und Sträucher, Beete und Spaliere zeichnet, dann nimmt es nicht wunder, daß in vielen seiner Romane Gärten den Schauplatz liefern für idyllische Momente in der zuweilen schwierigen Wirklichkeit – das kann die Gärtnerei Dörr sein für Botho und Lene in »Irrungen, Wirrungen«, das kann ein Klostergarten sein in »Grete Minde« oder ein Bauerngarten im »Stechlin«.

Der Garten am Fontaneschen Hause repräsentiert Planung und Wildwuchs, Schönheit und Nutzen gleichermaßen: Während in der einen Hälfte die Beete bepflanzt sind mit duftendem Reseda und blauem Rittersporn und an Spalieren delikate Obstsorten gezogen werden, gleicht die andere eher einer verwunschenen Wildnis, in der Himbeer- und Johannisbeersträucher wuchern und den Kindern beim Spiel Erfrischungen bieten.

Während für die Kinder Hof und Garten im Mittelpunkt ihres Interesses stehen, ist das eigentliche Zentrum

»Gerade daß hier alles nur ein Mittelmaß hielt und nirgends an das Große der wirklich großen Handelsemporien erinnerte, gerade dies Mittelmaß der Dinge lieh allem etwas überaus Anheimelndes.«

häuslichen Lebens die Küche, die, wie damals üblich, besonders groß ist. Bezeichnenderweise gilt sie neben dem pharmazeutischen Laboratorium als Glanzstück, die »mit ihrem dicht bis auf den Herd herabhängenden und mit blankem Ruß ausgefüllten Rauchfang etwas von einer spanischen Posada hatte.« In dieser Küche waltet Mamsell Schröder, die nicht nur für eine gute und ausgewogene Verpflegung sorgt, sondern auch erzieherisch auf die Kinder einwirkt und so Versäumnisse der Eltern auszugleichen sucht. Selbst Vater Fontane wird von ihr, der Hüterin der Speisekammer, gemaßregelt, wenn er wieder einmal Beutezüge in ihr Reich unternimmt, um Leckerbissen zu requirieren. Mamsell Schröder führt den Haushalt mit den damals üblichen Hilfskräften, wobei für die fast wöchentlich stattfindenden Abendeinladungen eine Köchin engagiert wird und in Schlachtzeiten Mägde aushelfen.

Im Hause Fontane lebt man gut, allerdings weit über Stand und Verhältnisse, und im nachhinein will es dem Sohn scheinen, als ob bei manchem festlichen Gastmahl eine Geisterhand wie weiland bei Belsazar gedroht und den Bankrott des Gastgebers an die Wand gemalt habe. Diese Vision aber hat noch niemand, wenn wieder einmal die Witwe Gaster ins Haus kommt, um bei den Vorbereitungen zu helfen. Ihr wichtigster und sicherlich auch schwierigster Beitrag zu den kulinarischen Genüssen des Abends ist ihre süße Spezialität, ein Baumkuchen. Über die von ihr verfertigten Exemplare führt sie sorgfältig Buch, und beim tausendsten geben ihr die Swinemünder Hausfrauen voller Dankbarkeit ein Fest. Die Beschreibung der Zubereitung ist einer der wenigen Texte in Fontanes Werk, der an ein Rezept erinnert – die Kompliziertheit des Produktionsvorganges mag seine Darstellungskunst herausgefordert haben:

Es giebt auch heute noch Baumkuchen, gewiß; aber die jetzigen sind Entartungen, schwächliche, schwammartige Bleichenwangs, während die damaligen eine glückliche Festigkeit hatten, die sich, an den gelungensten Exemplaren, bis zur Knusprigkeit steigerte, begleitet von einer vom dunkelsten Ocker bis zum hellsten Gelb reichenden Farbenskala. Ich war immer glücklich, dem Werdeprozeß sol-

ches Baumkuchens zusehen zu können. Auf einem riesigen Herde befand sich, nach der Wand hin, ein aus Ziegelsteinen aufgemauertes niedriges Halbgewölbe, das, nach oben zu dachartig vorspringend, nach unten zu schräg zurücktrat. An dieser zurücktretenden Stelle zog sich ein wohl 4 Fuß langes schmales Kohlenfeuer hin, an das nun zwei kleine Eisenständer mit aufgelegtem Bratspieß und Drehvorrichtung herangerückt wurden. Der auf diesen Ständern ruhende Spieß aber gab sich nicht einfach als solcher, vielmehr war ihm ein seiner ganzen Länge nach ausgehöhlter und nach außen hin mit gefettetem Papier überzogener Holzkegel aufgeschoben, der bestimmt war, die Seele des herzustellenden Baumkuchens zu bilden. Und nun, mit Hilfe eines an einem langen Stocke steckenden Blechlöffels, begann das Aufgießen eines dünnflüssigen, anfangs immer wieder herabtröpfelnden Teiges, so daß das eingeschlagene Verfahren eine ganze Zeit lang wie vergeblich erschien. Von dem Augenblick an aber, wo die Teigflüssigkeit konsistenter und das Abtropfen langsamer wurde, regten sich auch die Hoffnungen wieder, und ehe ein paar Stunden um waren, konnte der prachtvoll gebräunte, zugleich zackenreiche Baumkuchen von dem Holzkegel heruntergenommen werden. Alles dabei war von symbolischer Bedeutung. An das volle Gelingen dieses Pracht- und Schaustücks knüpfte sich das Vertrauen auf das Gelingen des Festes überhaupt. Der Baumkuchen stellte dem Ganzen das Horoskop.

Er stellt auch den Swinemündern das Zeugnis aus, hohe Ansprüche an die Konditorkunst zu haben, da das von ihnen favorisierte Backwerk besonders schwer herzustellen ist. Allerdings sollte die kulinarische Kreativität der Stadt nicht allzu hoch veranschlagt werden, wenn als Höhepunkt von Dessertschwelgereien nur *ein* Kuchen nach *einem* Rezept akzeptiert wird.

In gleicher Weise war die Speisenfolge der Diners nach einer allseits verbindlichen Menüvorschrift geregelt, die für eine gewisse Einheitlichkeit an den Tafeln der Swinemünder Honoratioren sorgte und damit zugleich verhinderte, daß das Essen wichtiger wurde als die Geselligkeit. Denn diese stand ohne Zweifel im Mittelpunkt aller Tafelfreuden, und wenn man von den Kußorgien am Ende des Mahles (und am Anfang leichter Trunkenheit) einmal absieht, dann beschreibt Fontane in seinen Kindheitserinnerungen genau jene Art von Tischgesellschaften, die später die Personen in seinen Romanen zu angeregten Gesprächen, ironischem Meinungsaustausch und mehr oder minder ernsten Wortgefechten zusammenführen – sei es das festliche Beisammensein im Hause Treibel, auf Schloß Stechlin oder bei van der Straaten. Und auch die Menüfolge läßt sich später – zuweilen in abgewandelter Form – in vielen Romanen wiederfinden.

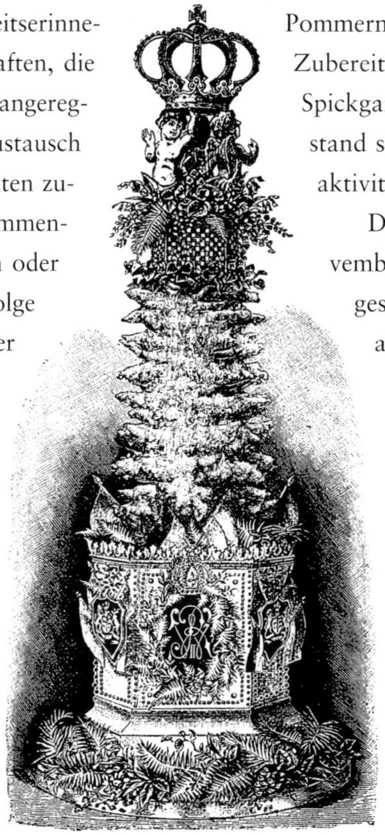

Die Bewirtung war nach Fontanes Aussage einfach und ohne das Raffinement der modernen, anspruchsvollen Gastlichkeit. Zu Beginn gab es eine Suppe, auf die ein Fisch folgte, dann Spickgans und die obligaten Teltower Rübchen, anschließend ein ungeheurer Braten und zum Schluß eine süße Speise samt Früchten, Pfefferkuchen und Königsberger Marzipan. Auch hinsichtlich der Weine ließ man Einfachheit walten: Nach der Suppe wurde Sherry gereicht, anschließend servierte man zu allen Gängen Rotwein von mäßigem Preis und mäßiger Güte.

Dieses ›Standardmenü‹ im Hause Fontane berücksichtigt keine hugenottischen Küchentraditionen, man erinnert sich vielmehr eines speziellen brandenburgischen Gemüses, Teltower Rübchen, übernimmt pommersche Eßgewohnheiten, Fisch und Spickgans, und wählt das Dessert-Konfekt aus dem östlichen Königsberg und nicht aus dem westlichen Lübeck. Die Küche Pommerns nämlich war insgesamt stärker östlich orientiert; die Schiffe aus Swinemünde oder Stettin segelten in die preußischen Ostprovinzen und Richtung Baltikum und brachten von dort Bereicherungen für die pommersche Tafel mit. Das flache, äußerst fruchtbare Küstenland diesseits und jenseits der Oder gehörte seit jeher zu den landwirtschaftlich bedeutendsten Gegenden Deutschlands. Die Ostsee versorgte die Märkte an der Küste und im Binnenland mit ihrem Fischreichtum, so daß frischer, geräucherter oder in Salz eingelegter Fisch regelmäßig auf den Tisch kam. Das kulinarische Wappentier Pommerns aber war die Gans! In unterschiedlicher Zubereitung – als kapitaler Braten, geräucherte Spickgans oder deftiges Gänseschwarzsauer – stand sie im Mittelpunkt umfangreicher Küchenaktivitäten.

Die Zeit des Gänseschlachtens, Anfang November kurz vor Martini beginnend, stürzte den gesamten Haushalt in blutige Aktivitäten, die allerdings meist von angeworbenen, die Messer gekonnt handhabenden »Schlachtpriesterinnen« ausgeführt wurden. Das hektische Geschnatter der zusammengetriebenen Tiere, das schrille Kreischen kurz vor der Schlachtung, die Gesänge der Mägde, kurz: die gesamten Begleitumstände des »Massakers« störten die Ruhe des Hauses und den Seelenfrieden des jungen, recht sensiblen Theodor. Und der Speisezettel der nächsten Tage konnte kaum über die brutalen Umtriebe im Hause hinwegtrösten.

Diese Schlachtzeit war nämlich zugleich auch die Zeit, wo das aus Gänseblut zubereitete »Schwarzsauer« tagtäglich auf unseren Tisch kam, ein Gericht, das, nach pommerscher Anschauung, alles Andre aus dem Felde schlägt. Auch mein Vater hielt es für seine Pflicht, sich dieser landesthümlichen Anschauung anzuschließen, und sagte, wenn die dampfende Riesenschüssel erschien: »Ah, das ist recht; davon eßt nur; das ist die schwarze Suppe der Spartaner; alles Saft und Kraft«, er selber aber suchte sich, geradeso wie wir, das Backobst und die Mandelklöße heraus und überließ die Kraftbrühe der Gesindeschaft draußen und vor allem den Schlacht- und Klageweibern.

Auch wenn Swinemünde eine kleine Stadt ist – in der Verpflegungsfrage bleibt man abhängig von der Landwirtschaft der umliegenden Dörfer und Güter und von dem, was auf der Jagd an Wild erlegt und in die Häuser geliefert wird. Und da es noch keine Schlachthöfe gibt, sondern sich alle diesbezüglichen Unternehmungen im häuslichen Bereich vollziehen, wird den Kindern drastisch klar, daß vor dem Festmahl erst das Schlachtfest kommen muß. Dieses wirkt genausowenig appetitanregend auf empfindliche Mägen wie die damit verbundenen Koch- und Siedeprozeduren, und der kleine Theodor kann *diesen* Aktivitäten der Mamsell Schröder im wahrsten Sinne des Wortes nur wenig Geschmack abgewinnen.

Auf das Gänseschlachten folgt das Schweineschlachten, und die gequälten Schreie der dem Tode und dem Topfe geweihten Tiere sowie der das Haus durchdringende Geruch nach gekochtem Fett machen Fontane halb krank und beeinträchtigen nachhaltig seinen Appetit. Zwar ist der Heranwachsende wohl oder übel verpflichtet, seine Ehre in ein tapferes Durchstehen der blutigen Zeit zu setzen, aber auch die Aussicht auf »Reiswurst mit Rosinen« kann ihm jene nicht sympathischer machen. Unter diesem Leckerbissen hat man sich übrigens eine Mischung von in Milch gekochtem Reis, Zwiebeln, Eier, Rosinen, Nierenfett und Gewürzen vorzustellen, die in saubere Därme gefüllt und gebraten wird.

Die kulinarischen Höhepunkte des Jahres sind eng mit dem Festkalender verbunden, und während der November in Swinemünde dem Schlachten gewidmet ist und der Geruch von Blut und frischem Fleisch das Haus durchzieht, beginnt im Dezember mit dem Duft der Weihnachtsbäckerei die Vorfreude auf Heiligabend.

Unter einem glücklicheren Stern stand die Backwoche, wo mit Pfeffer- und Zuckernüssen begonnen und mit Brezeln, Kranz- und Blechkuchen aufgehört wurde. Wir durf-

Max Liebermann: Die Gänserupferinnen, 1871/1872

ten nicht nur mit in die Backstube hinein, darin es, überaus anheimelnd, nach bitteren Mandeln und geriebener Citrone roch, sondern erhielten auch, als Weihnachtsvorschmack, eigens für uns Kinder gebackene kleine Wecken, alles reichlich zugemessen. »Ich weiß«, sagte meine Mutter, »daß sie sich den Magen daran verderben, aber das ist besser, wie wenn sie knapp gehalten werden. Sie sollen, all diese Zeit über, eine Festfreude haben, und die bringt ihnen ein Festkuchen am besten bei.« Es hat was für sich, und bei ganz robusten Kindern mag es das unbedingt Richtige sein. Aber so robust waren wir doch nicht, daß es für uns so ohne weiteres gepaßt hätte. Mir war denn auch, um Weihnachten herum, immer sehr weinerlich zumute.

Mag Fontane in seinen Kinderjahren die Zeit vor dem Fest, aller süßen Verlockungen ungeachtet, als unbehaglich empfunden haben – in vielen seiner Romane jedoch spielt Weihnachten eine so bedeutende Rolle, daß wohl die Erinnerung an den Duft von Zimt und Nelken die an den Geruch von Fett und Schweineblut verdrängt haben dürfte.

Und nicht immer ist der junge Theodor so empfindlich; bei seinen Streifzügen durch die Stadt und ihre Umgebung, bei Spielen und Ausflügen hat er auch einen Blick für mögliche Genüsse und läßt sich manches schmecken, was eigentlich recht schwer im Magen liegen müßte. Ein bevorzugter Aufenthaltsort ist der Hafen, in dem aus fernen Ländern einlaufende Schiffe die Reiselust des Knaben und seinen Sinn für Abenteuer wecken. Auch die schweren und schmutzigen Teerarbeiten beim Kalfatern der Schiffsrümpfe finden sein Interesse, und seine Nase nimmt aufmerksam die unterschiedlichsten Gerüche wahr. Wenn er mittags durch die Hafenanlagen strolcht, so beobachtet er, wie die Arbeiter eine Pfanne mit Kartoffeln und Speckstücken in die offene Glut unter dem kochenden Teer schieben, und begierig schnuppert er den »appetitlichen Qualm«, ein Mischung aus Gebratenem und heißem Pech, der ihm unvergeßlich bleiben wird. Und er erinnert sich intensiv dieser derben Leckereien, wenn er die Heldin seines Romans »Graf Petöfy« in Gedanken durch den Ort *ihrer* Kindheit spazieren läßt. Sie darf einen Blick in die Vergangenheit tun, sieht Hafenarbeiter Kartoffeln, Speck und Zwiebeln zubereiten, riecht den würzigen Duft und schmeckt dabei, die Zubereitung imaginierend, die Wonnen einer primitiven Mahlzeit. Sollten wir hier wieder auf das Grundprinzip dichterischen Erinnerns gestoßen sein, das die verloren geglaubte Zeit findet in der sinnlichen Wiederholung kulinarischer Erfahrung?

Einen besonders abenteuerlichen, sogar mit Gefahren verbundenen Genuß erlebt Fontane mit seinem Vater an einem kalten Wintermorgen. Sein Freund Wilhelm muß am Ende der Ferien wieder nach Berlin in die Schule, und man will ihn mit einem Eisboot bis zur Fahrpost am anderen Ufer bringen. Theodor Fontane freut sich ungeheuer auf die Unternehmung, nicht zuletzt weil eine verlockene Verpflegung versprochen wird. Die Jungen sollen drüben im Fährhaus frühstücken, wo ein kräftiger Eierpunsch und eine gehörige Portion holländische Waffeln in Aussicht stehen. Fontane nimmt sich vor, besonders dem Punsch zuzusprechen, weil ihm das männlicher erscheint.

Das Boot aber kann wegen des starken Eisganges nicht auslaufen, und so macht man sich – nicht ohne Bedenken – zu Fuß auf den Weg über die Schollen. Erfahrene Bootsleute führen die Eisläufer, und Fontane verkennt voll jungenhafter Unternehmenslust das mögliche Unheil. Bei seiner Heimkehr fühlt er sich in gehobener Stimmung als Sieger in einem Abenteuer – eine Meinung, die seine Mutter, dem Vater wegen dessen Leichtsinn heftige Vorwürfe machend, nicht teilt. Voller Sorge hat sie auf Mann und Sohn gewartet und fragt nun ihr Kind, ob es noch etwas wolle.

»Nein«, sagte ich, »es gab Eierpunsch und Waffeln und ich wollte auch welche für die Geschwister mitbringen; aber mit einem Male gab es keine mehr.«
»Ich weiß schon. Du bist deines Vaters Sohn.«
»Da hat er ganz gut gewählt«, sagte mein Vater.
»Meinst du das wirklich, Louis?«
»Nicht so ganz. Es war nur eine façon de parler.«
»Wie immer.«

Ganz der Vater – diese wohlmeinenden Worte, freundlich zu einem Kind gesagt, würde sich der erwachsene Fontane vielleicht verbeten haben, denn auf Hasard hat er seine Existenz nie gestellt. Vielleicht aber auch – und manche Biographen stützen diese Ansicht – hätte er verhaltene Zustimmung unter seinem buschigen Schnurrbart gemurmelt,

denn seinen Vater liebte er sehr. Als Fontane ihn kurz vor dessen Tode in dem kleinen Haus in Schiffmühle besucht, bestätigt er, vieles von seinem Vater geerbt zu haben – sicher auch die Neigung zu *façons de parler*, zu einem Philosophieren in Aphorismen und zu einem guten Essen. In diesem letzten Gespräch zwischen Vater und Sohn erinnert man sich nicht nur der Vergangenheit mit ihren familiären Sorgen, auch kulinarische Probleme werden mitsamt ihren philosophischen Implikationen diskutiert.

Die Haushälterin, die mit großer Fürsorge und geringer Intelligenz den Haushalt führt, hat für den Besuch ein schmackhaftes Mahl vorbereitet, das dieser gebührend loben muß, damit der Vater nicht unter der Mißstimmung der Köchin zu leiden hat.

»Und nun komm in die Vorderstube. Ich merke, Luise hat schon aufgetragen, und wenn mich meine Sinne nicht täuschen, übrigens bin ich auch ein bischen eingeweiht, so ist es eine geschmorte Kalbsbrust. Erster Gang. Ißt du so was?«
»Gewiß eß ich so was. Kalbsbrust ist ja das allerfeinste, besonders was so dicht dran sitzt.«
»Ganz mein Fall. Es ist doch merkwürdig, wie sich so alles forterbt. Ich meine jetzt nicht im Großen, da ist es am Ende nicht so merkwürdig. Aber so im Kleinen. Kalbsbrust ist doch am Ende was Kleines.«
»Ja und nein.«
»Das ist recht. Daran erkenn ich dich auch. Man kann nicht so ohne weiteres sagen, Kalbsbrust sei was Kleines. Und nun wollen wir anstoßen. Es ist noch Rothwein aus Stettin; die Stettiner manschen am besten. Was Echtes gibt es überhaupt nicht mehr.« […]
Und nun stießen wir an, und ich sah, daß es wieder die schönen Pokalgläser aus der alten Swinemünder Zeit waren.

Und beim Genuß gehen die Gedanken zurück nach Swinemünde, in die Jahre kindlichen Glücks und kindlicher Freuden, als vor allem fröhliche Gesellschaften, köstliche Mahlzeiten, wilde Spiele und scheinbar verwegene Abenteuer das Leben des jungen Theodor bestimmten, zurück in jene Jahre, die Fontane selbst als die glücklichsten seines Lebens bezeichnete.

Gänse(schwarz)sauer

1 kg Gänseklein
(Flügel, Hals, Herz, Magen)
2 Zwiebeln
3 Lorbeerblätter
4 Gewürznelken
4 Pimentkörner
1 EL Pfefferkörner
300 g Backobst
4 EL Butter
4 EL Mehl
3 EL Essig
2–3 EL Zucker
Salz
Pfeffer
evtl. 250 ml Gänseblut

Das Gänseklein, die in Scheiben geschnittenen Zwiebeln und die Gewürze mit 1 l Wasser zum Kochen bringen, abschäumen und 1 Stunde bei schwacher Hitze zugedeckt garen. Dann das vorher eingeweichte Backobst zufügen und weitere 20 Minuten köcheln lassen. Das Fleisch und Obst herausnehmen, Fleisch von den Knochen lösen bzw. in Stücke schneiden. Die Brühe durchsieben und gut 500 ml abmessen. Aus Butter und Mehl eine braune Mehlschwitze bereiten und mit der Brühe langsam aufgießen. (Falls vorhanden, das mit etwas Essig vermischte Gänseblut einrühren: schwarzsauer!). 10 Minuten sacht zu einer dicklichen Sauce ausquellen lassen. Mit Essig, Salz, Zucker und Pfeffer süßsauer abschmecken. Backobst und Fleisch in der heißen Sauce durchziehen lassen, in einer flachen Schüssel servieren. Beilage: Kartoffelklöße.

Teltower Rübchen

800 g Teltower Rübchen
3 EL Butter
3 EL Zucker
2 EL Mehl
ca. 100 ml Fleisch- oder Gemüsebrühe
Salz
weißer Pfeffer
2 El gehackte Petersilie

Die möglichst gleich großen Rübchen schälen und putzen, nicht zerteilen. Die Butter in einem Topf zerlassen, den Zucker unter Rühren in der Butter schmelzen und leicht anbräunen. Die Rübchen darin unter häufigem Schwenken ca. 5 Minuten anbraten. Dann mit Mehl bestäuben und die heiße Brühe dazugießen. Das Gemüse bei schwacher Hitze in etwa 30 Minuten langsam weich schmoren. Die Soße sollte sämig sein; wird sie zu ›kurz‹, etwas süße Sahne zugeben. Zum Schluß mit Salz und frisch gemahlenem Pfeffer würzen.
In einer vorgewärmten Schüssel anrichten, mit der Petersilie bestreuen.

Fontane liebte Teltower Rübchen sehr und erwähnt sie immer wieder in seinen Büchern. Die echten Teltower (heute werden viele Rübenarten so genannt) bekommen ihre Qualität von dem kargen märkischen Boden um Teltow, auf dem die Rüben zwar klein, aber um so schmackhafter gedeihen.

Geschmorte Kalbsbrust, farciert

1,5 kg Kalbsbrust (entbeint)
2 TL Salz
2 TL weißer Pfeffer
100 g durchwachsener Speck
60 g Butter
trockener Weißwein, Wasser, Kalbsfond (aus dem Glas) insgesamt knapp 500 ml Flüssigkeit

In die Kalbsbrust (möglichst hohes Stück) bereits vom Metzger eine tiefe Tasche schneiden lassen. Innen und außen kräftig mit Salz und Pfeffer einreiben. Die in kaltem Wasser eingeweichten Brötchen ausdrücken, Mandeln, Pistazien, klein gehackte Zwiebel, Petersilie, abgeriebene Zitronenschale und Gewürze hinzufügen und gut vermengen. Die in kleine Würfel geschnittene Leber unterziehen und mit den Eiern vermischen. Die Masse in die vorbereitete Tasche füllen (nicht pressen) und diese mit Küchengarn zunähen. In einem breiten Schmortopf den gewürfelten Speck auslassen, einen Teil der Butter zugeben und erhitzen, das Fleisch darin beidseitig anbraten. Bei 180–200 Grad im vorgeheizten Ofen ca. 2 Stunden garen, dabei häufig mit Flüssigkeit (Wein, Wasser, Kalbsfond) begießen. Zum Schluß die restliche Butter in Flöckchen auf das Fleisch geben und bräunen lassen. Die Kalbsbrust herausnehmen, die Fäden entfernen, in Scheiben schneiden, auf einer Platte anrichten, mit Bratensaft begießen und servieren.

Dazu schmecken breite Nudeln und Feldsalat.

Füllung

2 entrindete Brötchen
120 g fein gehackte weiße Mandeln
50 g grob geriebene Pistazien
1 Zwiebel
4 EL gehackte Petersilie
1 Zitrone
1/2 TL Salz
1 TL Zucker
1 TL Pfeffer
1/2 TL Muskatnuß
100 g Kalbsleber
2 kleine Eier

Eierpunsch

1 Flasche kräftiger Weißwein
(in »Poggenpuhls«
wird Ungarwein genommen)
einige Gewürznelken
1/2 Zimtstange
etwas Muskatnuß
200 g Zucker
2 Zitronen
1 kleine Tasse starker Tee
4 frische Eier
2 Eigelb
2–3 Gläschen Rum
oder Arrak

In einem Topf 125 ml Wasser zum Kochen bringen, die Gewürze darin ›ausziehen‹ lassen, dann entfernen. Nun den Zucker, den Saft beider Zitronen, die abgeriebene Schale einer Zitrone, den Tee, den Weißwein und die Eier zugeben. Das Ganze bei rasch ansteigender Hitze mit dem Schneebesen kräftig aufschlagen, bis sich Schaum hebt (keinesfalls kochen lassen!). Topf vom Herd nehmen, noch etwas weiterschlagen und den Alkohol dazugießen. Sofort servieren.

Vorlage von Adolph von Menzel für den Deckel einer Suppenterrine

Nicht nur Tee an Themse und Tweed

Vor allem spätere Generationen kennen Theodor Fontane als Romancier, und dabei wird zuweilen vergessen, daß er erst mit fast sechzig Jahren – in einem Alter, in dem viele schon an den Ruhestand denken – seinen ersten Roman veröffentlichte. Für seine Zeitgenossen hingegen bleibt er lange Zeit der Journalist und Reiseschriftsteller, der über seine Fahrten den Daheimgebliebenen in Zeitungsspalten und auf Buchseiten berichtet.

Sein Vater hatte ihn für die Laufbahn eines Apothekers vorgesehen, und Theodor Fontane absolvierte mit Erfolg, wenn auch nicht mit allzu großer Begeisterung eine pharmazeutische Lehre. Anschließend arbeitete er in Leipzig, Dresden und Berlin, ohne dabei jemals Aussicht auf finanzielle Unabhängigkeit und bürgerliches Wohlleben zu haben, denn mit einem väterlichen Erbe war nicht zu rechnen. Alle Zeit aber, die er nicht auf das Anrühren von Salben und die Verfertigung heilsamer Mixturen verwenden mußte, widmete er unermüdlich der für ihn fast lebensnotwendigen dichterischen Tätigkeit. Und nicht nur mittels der Poesie wünschte er, der Enge dumpfer Offizien zu entfliehen. Seit den Kinderjahren in der Hafenstadt, wo beim Spielen am Meer die Weite lockte, hoffte Fontane, eines Tages selbst reisen zu können. Anfangs konnte er seiner Reiselust nur deshalb frönen, weil Freunde und Verwandte ihm großzügig Unterstützung gewährten, später erlaubten die Honorare von ministeriellen Pressebüros, Zeitungen und Verlegern, die auf seine Texte warteten, ausgedehnte Reisen durch Europa.

Die erste große Reise geht 1844 nach London, und es ist ein Jugendfreund aus Neuruppin, der den zur Königswache in Berlin abkommandierten Einjährig-Freiwilligen Fontane vom Schilderhäuschen weg auf die britische Insel einlädt. Zwar verfügt er nur über eine äußerst knappe Reisekasse, und auch seine Garderobe genügt sicher nicht hohen Ansprüchen, aber Fontane vertraut – trotz des Bewußtseins seiner prekären Situation – auf sein Glück und die vielgerühmte englische Gastfreundschaft. Er und sein Freund nehmen an einer sogenannten Genossenschaftsreise teil, einem Vorläufer der später durch Touristik-Experten wie Stangens Reisebureau organisierten Fahrten. Fontane verweist in seiner Autobiographie »Von Zwanzig bis Dreißig« ausdrücklich auf dieses Unternehmen, das es sich zur Aufgabe gemacht hatte, »die Schwierigkeiten, die sich dem Reisenden namentlich im internationalen Verkehr entgegenstellten, zu beseitigen und dadurch das Reisen in ferne Länder zu erleichtern« – so eine zeitgenössische Erläuterung.

Die Weltstadt London überwältigt den jungen Märker, und immer wird die englische Metropole für Fontane eine intensive Anziehungskraft besitzen, die nicht nur in der kulturellen Vielfalt ihren Grund hat, sondern auch in der Offenheit und Toleranz, mit der man hier Andersdenkenden begegnet – für den an preußische Verhältnisse Gewöhnten eine neue und prägende Erfahrung. Das viktorianische London ist das wirtschaftliche und kulturelle Zentrum eines Weltreiches, und Fontane verleiht 1854 in einer Sammlung von Feuilletons seinem Erstaunen über die Größe der Stadt und die gargantuesken Bedürfnisse seiner Bewohner beredten Ausdruck, wenn er die riesigen Mengen an Lebensmitteln aufzählt, die in der Metropole jedes Jahr verbraucht, ja verschlungen werden. Die Schlachthöfe sorgen dafür, daß 240.000 Rinder, 1,7 Millionen Hammel, 28.000 Kälber und 35.000 Schweine tafelfertig zerlegt in die Metzgereien gelangen. Mehr als vier Millionen Hühner, Enten, Gänse, Puter und Wildgeflügel werden in den einschlägigen Geschäften verkauft sowie 75 Millionen Eier aus Frankreich und Deutschland – neben den in England selbst produzierten. Und John Falstaff dürfte noch durstiger geworden sein, wenn er gewußt hätte, daß jahraus, jahrein 170 Millionen quart (etwa 210 Millionen Liter) Porter und Ale in London getrunken wurden – für jeden Einwohner, ob Kind, ob Greis, macht das täglich 1/4 quart.

Theodor Fontane.
Kreidezeichnung von Hermann Karl Kersting,
um 1843

Der Obst-, Gemüse- und Blumenmarkt
Covent Garden in London

Später wird Fontane noch zweimal wiederkommen – als Dichter, Journalist und schottischer Wanderer. 1851 war Fontane in den Dienst der preußischen Regierung getreten, ein Jahr später ging er als Korrespondent der ›Adler-Zeitung‹ für fünf Monate nach London, hoffend, er könne sich dort eine Existenz aufbauen, die es ihm erlaubte, seine Familie nachzuholen. 1850 hatte er Emilie Rouanet-Kummer geheiratet, die wie er hugenottischer Herkunft war. Die junge Frau erwartete von ihrem Ehemann für sich und die Kinder ein materiell gesichertes Leben, doch daran war noch lange nicht zu denken, und die Übernahme der Korrespondentenstelle in London war ein erster Versuch, die bedrängten Familienverhältnisse etwas positiver zu gestalten.

Vor allem aber bedeutete London für Fontane das Entkommen aus der reaktionären preußischen Provinzialität – wenn auch um den Preis, für preußische Institutionen tätig zu sein. 1855 machte er sich ein drittes Mal nach London auf, um eine deutsch-englische Korrespondenz in ministeriellem Auftrag zu etablieren, mit der er in Konkurrenz zu bereits existierenden Unternehmen treten sollte. Da aber die personelle und materielle Ausstattung der Korrespondentenstelle unzureichend war und auch die Unterstützung seitens der preußischen Gesandtschaft nicht nach Fontanes Wünschen ausfiel, wurde – auch auf Drängen Fontanes – die Korrespondenz eingestellt. Eine Besserung seiner Situation ergab sich bald darauf dadurch, daß er als eine Art »Presseattaché« dem preußischen Gesandten unterstellt wurde. Nun konnte er Emilie mit den Söhnen George und Theodor nach London holen, nun war endlich ein Familienleben in der Fremde möglich. Bis 1859 blieb Fontane in London, und die Erfahrungen dieser Jahre, die in dieser Zeit erworbenen Kenntnisse und Erkenntnisse werden in manchen der künftigen Werke Fontanes ihre Spuren hinterlassen. Graf Holk, der untreue Ehemann in »Unwiederbringlich«, verbringt einige Monate seines freiwilligen Exils in London und wohnt am Tavistock Square; Woldemar Stechlin wird von seinem Regiment für eine Mission in England ausgewählt, auf die er durch Gespräche mit dem alten Barby durchaus vorbereitet ist. Die Jahre auf der britischen Insel waren Lehrjahre für Fontane, die ihn in seiner Entwicklung vom Märker zum Europäer nachhaltig förderten.

Die Strand,
eine der Hauptgeschäftsstraßen des West End

Doch noch ist Fontane als junger und erlebnishungriger Reisender zum ersten Mal in London, und er bleibt nicht nur in der Hauptstadt, sondern erkundet ihre Umgebung, besucht Windsor und Hampton Court, Greenwich und Brighton und erliegt dabei dem Zauber der Countryside wie der Seaside gleichermaßen – auch wenn er Jahre später höchst sarkastisch an seine Frau schreibt, das Tollste seien Flitterwochen in einem englischen Seebad, – »so langweilig, daß Zankscenen eine Erlösung werden«.

Bei seinen Begegnungen mit Engländern hat er gewisse Probleme, die zum einen aus seinen noch nicht sonderlich perfekten sprachlichen Fähigkeiten, zum anderen aus seiner Unkenntnis gesellschaftlicher Gepflogenheiten resultieren. Zwar bietet eine Reisegruppe immer beruhigenden Halt in der Fremde, aber wenn Fontane allein an der Table d'hôte im Adelaide Hotel sitzt, fühlt er sich verraten und verkauft. Aus Angst vor Blamage beteiligt er sich nicht an der Konversation der mit ihm speisenden Engländer – bis er kräftig von dem angebotenen Sherry gekostet hat. Dieser Wein, der einer seiner liebsten werden sollte und den er, verdünnt mit Sodawasser, später in Briefen als Vorläufer eines guten Morgenkaffees dringend empfiehlt, erweckt seine Lebensgeister und seine Sprachbefähigung so sehr, daß er großen Eindruck macht als Kenner von Dichtkunst und Malerei und eine Einladung für den nächsten Sonntag erhält.

Hier im Hause des Mr. Burford und seiner Familie lernt Fontane zum ersten Mal englische Gastfreundschaft kennen, und die Großzügigkeit des gutbürgerlichen Lebenszuschnittes beeindruckt ihn. Wieder aber fühlt er sich sprachlich gehemmt, und wieder ist es sein Wohltäter, der Sherry, der ihm über alle Bedenklichkeiten hinweghilft. Zu diesen Bedenklichkeiten gehört nicht zuletzt die englische Küche, über die Fontane im Laufe der Jahre zahlreiche Urteile fällen wird, von denen nur wenige uneingeschränkt positiv zu nennen sind. Auch die Tafel von Mr. Burford ist nicht so bestückt, daß sie ihn begeistert: Fisch und Fleisch machen nach englischer Sitte – so wie er sie zu kennen glaubt – fast einzig und allein die Mahlzeit aus; zur Feier des Tages war noch ein Reiskuchen gebacken worden, der mitsamt eines Stachelbeerkompotts, »das sich nicht einmal der Appetitlichkeit rühmen konnte«, kaum andernorts

Gnade gefunden hätte. Erst der Genuß von Johannisbeer- und Ingwerwein, das Knallen der Champagnerkorken und das Angebot, mit dem Gastgeber eine Flasche alten Port zu genießen, so mild wie guter Claret (die britische Bezeichnung für Bordeaux), stellen das Wohlbehagen Fontanes wieder her.

Allerdings muß man wohl bei seinen Urteilen über die britische Küche in Betracht ziehen, daß es seine ökonomischen Umstände nur selten erlaubt haben, tieferen Einblick in die kulinarischen Gewohnheiten des Adels oder des gehobenen Bürgertums zu nehmen. Während Fontane für Berlin und die Mark durchaus als Connaisseur gelten kann, scheint für ihn die englische Küche zumeist nur auf der »mutton-and-beef«-Ebene zu existieren – und das mit zuweilen höchst zweifelhaften Ergebnissen. An seine Mutter schreibt er über eine Mahlzeit in einer Flüchtlingskneipe, die ihn trotz der Bezeichnung German-Coffee-House eher an eine Räuberhöhle erinnert, daß das Beefsteak aus angegangenem Pferdefleisch bestand, das ihn allen Ernstes kurze Zeit glauben ließ, »es sei ein Fürstenpodex, oder mindestens eine Grafenlende«.

Obwohl er als Korrespondent bei seinen späteren Aufenthalten sehr viel stärker in das alltägliche Leben der Metropole integriert ist, lernt er die englische Küche auch dann nur in den Ausschnitten kennen, die ihm die – zumeist deutschen – Kollegen oder die wenigen englischen Freunde offerieren.

Wenn er auf dem Weg zu seinem geliebten Refugium Simpson's die Gedanken von politischen Themen zu kulinarischen gelenkt hätte, wäre ihm vielleicht auf der Straße Strand das große Office von Mrs. Beeton aufgefallen, die Mitte des 19. Jahrhunderts ein Kochbuch-Imperium begründete und viele Generationen von jungen Engländerinnen in die Kunst des »Household Management« einführte. Isabella Beeton, deren Bedeutung für die Entwicklung britischer Kochkunst vielleicht noch größer ist als die von Henrietta Davidis für die deutsche, hätte Fontane sicherlich über die Opulenz eines guten Dinners aufgeklärt.

Das Viktorianische Zeitalter änderte vieles, so auch manche Gewohnheiten bei Tisch und in der Küche; zu nennen wäre hier beispielsweise die Verlegung der Essenszeiten

– Frühstück früher, Dinner später – bedingt durch den Arbeitstag des Hausherren, der auf dem Heimweg immer noch seinem Club einen Besuch abstattete. Ferner änderte sich die Art des Servierens, statt des Service à la française bevorzugte man nun den Service à la russe. Bei der französischen Servierweise wurde das Essen in drei sogenannte Serien aufgeteilt (Suppen und Vorspeisen, Braten, Gemüse und Entremets, Süßspeisen, Gebäck und Käse), die man jeweils zur gleichen Zeit auftrug, ohne daß Wärmeplatten eine anhaltende Appetitlichkeit gewährleisteten. Beim russischen Service kamen alle Speisen direkt nach ihrer Zubereitung auf den Tisch, was für das Auge vielleicht ein Verlust war, für den Gaumen aber durchaus einen Gewinn darstellte. Eine weitere Änderung betraf die Mahlzeiten selbst, vor allem das Dinner, die reichhaltiger und feiner in der Zubereitung wurden.

Viktorianische Häuslichkeit war geprägt von Fülle und Überladenheit in allen Bereichen; die üppige Ausstattung des Dining-Rooms setzte sich bis zu den Blumen-, Silber- und Gläser-Arrangements auf dem Eßtisch fort, der unter einem Menü von mindestens fünf, häufiger aber sieben Gängen zusammenzubrechen drohte, wobei jeder Gang noch eine weitere Auswahl anbot. Den Abschluß einer solchen Mahlzeit bildete ein Angebot von mindestens zehn Desserts, das die Gäste überwältigte. Eine derartige Erfahrung hat Fontane wohl nicht häufig machen können, sonst hätte er sicherlich Genüsse wie Trifle, Syllabub, Treacle Roll oder Roly Poly – das ist eine mit Himbeermarmelade gefüllte Biskuitrolle – besonders zu schätzen gewußt, die es z.T. heute noch bei Simpson's gibt. Immerhin, Frau Emilie führt später in ihren Speiseplänen »engl. tarts« und »Rolipoli« auf, und Fontane schreibt im April 1880 an seine Frau, als er über eine gastrische Verstimmung klagt, die von einem Plumpudding stammt, daß er Rolipoli besser vertrüge, da es »nicht ganz so ›substantial‹« sei.

Simpson's-in-the-Strand, 1848 als Simpson's Divan and Tavern etabliert, ein Refugium für Raucher, Schachspieler und Zeitungsleser, das obendrein eine recht akzeptable Küche bot, war in London Fontanes zweites Zuhause. Während er seine Wohnungen häufig wechselt und als möblierter Herr am Tavistock Square Bloomsbury durchstreift oder von Camden Town aus mit der Familie Erholung in Hampstead Heath sucht, gibt es kaum einen Tag, an dem er nicht bei Simpson's hereinschaut und die dort ausliegenden Zeitungen durchsieht, ob sie für ihn wichtige Meldungen enthalten. Dieser gastliche Ort ist für ihn eine Art Club, wo er immer jemanden trifft, um mit ihm die neuesten Zeitungsmeldungen zu diskutieren und Kaffee zu trinken. Und falls er die klassische englische Küche kosten will, so fahren die Kellner die Spezialitäten des Hauses auf einem *dinner-wagon* an den Tisch und schneiden von einem riesigen Braten mächtige Portionen ab: *Roast Sirloin of Beef and Yorkshire Pudding* und *Roast Saddle of Mutton and Red Currant Jelly* stehen zur Auswahl. Vorweg vielleicht eine *Grilled Dover Sole* und zum Abschluß ein Stück Stilton mit einem Gläschen Jahrgangsport. Noch heute präsentiert Simpson's seinen Gästen dieses Angebot – britische Tradition verpflichtet eben.

Der Lunch bei Simpson's hat für Fontane allerdings kaum eine Bedeutung, denn die wichtigste Mahlzeit am Tage – da paßt er sich sehr schnell insularen Gewohnheiten an – ist das Frühstück. Voller Behagen beschreibt er ein gemütliches Frühstück, das nach der Morgenandacht ohne Hektik von den Hausbewohnern gemeinsam eingenommen wird: Kaffee und Tee, Hammelbraten und Eier, Speckschnitten und geröstetes Weißbrot werden gereicht, und unter munterem Plaudern sitzt man eine Stunde beisammen. Die dichterische Erinnerung verarbeitet auch diese Genüsse, wenn Fontane den Protagonisten von »Irrungen, Wirrungen«, Botho und Lene, auf ihrer Landpartie ein Frühstück auftragen läßt, das mehr ein englisches als ein deutsches ist.

In der viktorianischen Zeit hatte sich das bürgerliche Frühstück zu einer opulenten, Energie spendenden Familienmahlzeit herausgebildet, bei der Herrschaft und Dienstboten zur gleichen Zeit, wenn auch nicht am gleichen Tisch aßen. Neben den von Fontane genannten Speisen gehörten häufig Getreideprodukte wie der berühmt-berüchtigte Porridge dazu; ferner fand man auf dem Tisch noch warmen, geräucherten Fisch wie z.B. Kipper, verschiedene Gebäcksorten wie Muffins, Rolls oder in der Osterzeit auch die von Fontane geschätzten Hot Cross Buns – kreuzförmig

Simpson's-in-the-Strand more than a hundred years ago.

»Gehört man nicht einem Club an,
was sehr teuer und für einen nichtdistinguierten Fremden auch sehr schwierig ist,
so weiß man in London wirklich nicht so recht, wo man essen soll.«

eingeritzte, goldgelb gebackene und heiß servierte Rosinenbrötchen. Dieses Frühstück mochte zwar einem Landedelmann kärglich erscheinen, der an sein morgendliches Roastbeef mit einigen Gläsern Ale gewöhnt war, aber der größere Teil der Bevölkerung konnte von einem derart reichhaltigen Mahl nur träumen. Fontane bemerkte sehr wohl die krassen sozialen Unterschiede in der prosperierenden Stadt, er sah das millionenfache Elend rings um sich her, und er hätte seine Eindrücke auch bezüglich der unterschiedlichen Ernährung bestätigt gefunden, wenn er das während seines zweiten Aufenthalts vom Chefkoch der Königin publizierte Bändchen gelesen hätte, das den Titel trägt: »A Plain Cookery Book for the Working Classes«. Vielleicht hätte Emilie Fontane bei der auf Sparsamkeit bedachten Führung des eigenen Haushalts davon profitieren können!

Außer Simpson's besucht Fontane nur wenige andere Lokale: Mal geht er mit Kollegen in den traditionsreichen Cheshire Cheese in der Fleet Street, mal nimmt er mit Emilie bei John Lynn in der Nähe von Temple-Bar, unweit des Gerichtsbezirks also, einen Oyster-Lunch oder genießt mit ihr dort Lobster, wie er in seinen Tagebüchern notiert. Sie kaufen auch beim Hoflieferanten Fortnum & Mason in Piccadilly ein, womit sie durchaus einen exzellenten Geschmack beweisen. Dieser gute Geschmack ist es auch, der Fontane bei anderer Gelegenheit ein Verdikt über englische (d.h. hier: Londoner) Gastronomie fällen läßt. In einem Brief an seinen Freund Lepel schimpft er über die hohen Kosten, die an Prellerei grenzen, und die miserable Qualität, die ihm ein kleines gastrisches Fieber beschert.

Da ist es schon besser, wenn man zum Lunch beim preußischen Gesandten eingeladen wird; als wolle er sich in seinem Tagebuch noch einmal der Genüsse versichern, zählt Fontane alle Gänge auf: Bouillon, Roastbeef mit Omelett und Kartoffeln, dazu Sherry, Wildbret-Pastete, Schinken mit Spargel, Plumpudding, Wein-Creme, Apfelsinen-Salat und Port. Diese kulinarischen Leckereien machen um so stärkeren Eindruck auf ihn, als er noch vier Wochen zuvor, bei seiner Ankunft in London, die mehr als miserable Gastlichkeit der Flüchtlingsunterkunft Long Acre 27

unternimmt. Mit dem Zug fahren sie in den Norden, und von Edinburgh an durchstreifen sie das Reich von Maria Stuart auf dem Dach der *stage coach*, mit dem Schiff und auch – das Wandern als Reiseform erprobend – zu Fuß. Sie besichtigen imposante Schlösser, verfallene Burgen, dichtbevölkerte Städte und öde Schlachtfelder, und trotz eines insgesamt recht kargen Speiseangebotes hören wir Fontane nicht einmal klagen. Das Abenteuer des Reisens im Lande der Macphersons läßt ihn einen Hammelschlegel nicht verachten, stammt dieser doch aus dem Hochland. Da obendrein die Wegzehrung zumeist nur aus einem kleinen Oat Cake und Whisky mit Wasserbeimischung besteht, gewinnt ein Stück schottischer Hammel, mit Bier heruntergespült, für Fontane willkommene Imbißqualitäten.

Die Schönheit der schottischen Landschaft entschädigt für die Kärglichkeit der schottischen Küche, wie sie Fontane und Lepel auf ihrer Reise erleben. Der sonst an Leib und Seele so empfindliche Dichter übersieht die Schwächen der Unterkunft in Oban beim Blick auf das Meer und die vorgelagerten Inseln. Er genießt in stiller Andacht das herrliche Schauspiel der mondbeschienenen Bucht, bis er mit dem Lockruf »tea is ready« an die Tafel gebeten wird. Dort erläutert ein Highlander die Vorteile seiner Erziehung, die nicht unwesentlich durch die Kraft und Zähigkeit spendende Ernährung mit Oat Cake und Whisky geprägt worden sei. Fontane bezweifelt die Zuträglichkeit dieser Diät, ohne vielleicht die spöttische Definition von Dr. Johnson zu kennen, der Hafer als ein Getreide bezeichnete, welches man in England an Pferde verfüttert, das aber in Schottland die Menschen ernährt. Doch Fontane lernt auch die Vorzüge von Whisky kennen, vor allem wenn die Abendkühle ihn und seinen Freund frösteln läßt. Ein Glas Toddy (Whisky-Punsch) stellte das Wohlbefinden rasch wieder her, »und in der besten Laune oder, wie die Engländer zweideutig sagen, ›in good spirit‹ zogen wir uns endlich in unsere Schlafzimmer zurück.«

Von allen Orten, die Fontane in Schottland besucht, werden Kinross und das Loch Leven Castle besondere Be-

An der Westküste Schottlands

deutung gewinnen. In seinem Reisebuch »Jenseit des Tweed« beschreibt der Dichter den gastlichen Ort, der zuerst vor allem dem Feinschmecker zu gefallen scheint. Der Reiz der recht anspruchslosen kleinen Stadt Kinross besteht in ihrer ruhigen und abgeschiedenen Lage am See. Kein königlicher Palast, keine sehenswerten Bauwerke verleihen dem Ort Bedeutung, nur ein zerfallenes Schloß auf einer Insel des Sees kündet von einstiger Größe. Dieses stellt für den Reisenden – zumindest wenn er historisch so interessiert ist wie Fontane – eine gewisse Attraktion dar, doch zuerst einmal muß der Besucher eine Herberge entdecken und sich stärken. Die Unterkunft ist schnell gefunden, denn ein solcher Ort hat nur ein Hotel und dadurch bleibt dem Reisenden gar keine Wahl. Fontane und Lepel steigen im Salutation Inn ab, »was ungefähr sagen will, im Gasthof zum freundlichen Gruß«. Die gutgelaunte Wirtin bleibt hinter dem Versprechen ihres Hauses nicht zurück und serviert ein Mittagsbrot von Lachsforellen, »die dem Leven-See eigentümlich sind und von jedem gegessen werden müssen, der Kinross besucht.«

Anschließend macht man sich auf zur Besichtigung des verfallenen Schlosses, und diese Fahrt über den See ist es, die in Fontane in Erinnerung an eine ähnliche Unternehmung in Rheinsberg zum dortigen Schloß den Wunsch entstehen läßt, die Mark Brandenburg ebenso wie Schottland zu bereisen und zu beschreiben.

Blick von Kinross House auf Loch Leven

Gebratene Lenden vom Lamm mit grünen Bohnen

2 dicke Lammlenden
abgeriebene Schale von 2 Zitronen
4 Knoblauchzehen
3 EL gehackte Pfefferminze
2 EL Butter
Salz
frisch gemahlener Pfeffer

Für die Bohnen

700 g kleine grüne Bohnen
1 Becher Crème fraîche
1 Knoblauchzehe
2 TL Zitronensaft
1 TL gehackte Minze
Salz
Zucker

Die Lammlenden halbieren, so daß vier Portionen entstehen. Die abgeriebene Zitronenschale, den zerdrückten Knoblauch und die gehackte Minze vermischen. Die Lammstücke darin rollen und die Gewürze fest andrücken. Einige Stunden stehen lassen oder gleich weiterverarbeiten.

Den Backofen auf 200 Grad vorheizen. In einer Bratpfanne die Butter erhitzen. Die Fleischstücke salzen und pfeffern, im heißen Fett anbraten. Dann im vorgeheizten Ofen etwa 15 Minuten fertiggaren. Die Pfanne herausnehmen und das Fleisch 5 Minuten ruhen lassen. Nun jede Portion in drei Medaillons aufschneiden.

Die grünen Bohnen gar kochen und mit einer Sauce aus Crème fraîche, gepreßtem Knoblauch, Minze, Zitronensaft, Salz und etwas Zucker servieren.

Statt Lammlenden werden in England auch dicke Lammkoteletts für dieses Rezept verwendet.

Englische Hühner-pastete im Teigmantel

Garnitur

300 g Hähnchen-
oder Poulardenfleisch
je 200 g Kalb- und Schweinefilet
1 Zwiebel,
in dünne Scheiben geschnitten
3 Lorbeerblätter, 1 Thymianzweig
1 TL Pfefferkörner
3 dl Cognac
1 Glas Weißwein

Farce

200 g Kalbfleisch
150 g Schweinefleisch
200 g Speck
2 Schalotten
1 Ei
je 1 Glas Portwein und Cognac
abgeriebene Zitronenschale
Muskatnuß, Piment, Nelkenpulver
Salz, Pfeffer
8 Hähnchenlebern
Butter
Lorbeerblatt, Thymian
100 g Speckwürfel

Teig

500 g Mehl
200 g Butter oder Margarine
100 g Schmalz
1 Ei
1 TL Salz
500 ml klare, kräftige Rinderbrühe
4 Blätter Gelatine

ROEDERER

Für die Garnitur das Fleisch in fingerdicke Streifen schneiden und mit den angegebenen Zutaten einige Stunden marinieren. Anschließend kurz anbraten und abkühlen lassen.

Für die Farce das mit Salz und Pfeffer gut gewürzte Fleisch, den Speck und die fein gehackten Schalotten mit dem Fleischwolf zu einem Teig verarbeiten. Die Masse mit Ei, Cognac und Portwein vermengen, dann mit Zitronenschale, Muskatnuß, Piment, Nelkenpulver, Salz, Pfeffer und evtl. etwas Zucker würzen. Die Geflügellebern rasch mit Lorbeerblatt und Thymian in Butter anbraten, erkalten lassen.

Für den Teig auf das gesiebte Mehl das zerpflückte Fett, das Ei, Salz und 1 Tasse eiskaltes Wasser geben und mit den Händen rasch zu einem festen, glatten Teig verarbeiten. Mindestens eine Stunde kalt stellen.

Eine Springform ausfetten und mit 2/3 des Teiges auskleiden. Den Boden mit 1/3 der Farce bedecken, die angebratenen Geflügellebern darüberstreuen, darauf die Hälfte des marinierten Fleisches legen, dann eine Schicht Speckwürfel, eine Schicht Farce, die zweite Hälfte der Garnitur und zuletzt wieder eine Schicht Farce. Aus dem restlichen Teig einen Deckel ausrollen und die Pastete gut abdichten, mit Figuren aus Teigresten verzieren, den Rand mit Gabelzinken markieren, mit verschlagenem Ei bestreichen. In der Mitte des Deckels eine fingerhutgroße Öffnung ausschneiden zum ›Entlüften‹ der Pastete. Im vorgeheizten Ofen 30 Minuten bei 200 Grad, dann noch etwa 60 Minuten bei 180 Grad backen (mit gebuttertem Pergamentpapier abdecken, falls der Teig zu früh Farbe annimmt). Die Stricknadelprobe machen: Pastete mit der Nadel durchstechen. Ist diese nach dem Herausziehen gleichmäßig heiß, ist die Pastete durchgebacken.

Die fertige Pastete auskühlen lassen. Dann den beim Garen entstandenen Freiraum ausfüllen. Dazu Gelatine in warmer Rinderbrühe auflösen und anschließend das abgekühlte, noch flüssige Gelee durch die Deckelöffnung einfüllen. Kühl stellen.

Nach ein bis zwei Tagen die Pastete aufschneiden und mit Cornichons, Senffrüchten und Cumberlandsauce servieren.

Königskuchen à la Mrs. Harper

250 g Butter
200 g Zucker
1 Prise Salz
5 Eier
300 g Mehl
100 g Mondamin
2 TL Backpulver
100 g gehackte Mandeln
100 g Rosinen
100 g Korinthen
100 g Zitronat
Saft und Abgeriebenes einer Zitrone
4 EL Rum
Semmelbrösel für die Backform

Eine Kastenform mit Fett ausstreichen und mit Semmelbröseln ausstreuen.

Butter und Zucker mit einer Prise Salz schaumig rühren, die Eier nacheinander zugeben. Mehl, Speisestärke und Backpulver über den Teig sieben und unterziehen. Mandeln, Rosinen und Korinthen (vorher in Mehl wenden, damit sie nicht nach unten sinken), Zitronat, Zitronensaft und -schale sowie den Rum unter den Teig mischen. In die Kastenform füllen und im vorgeheizten Ofen auf der zweiten Schiene von unten bei 190 Grad 60–70 Minuten backen. Falls die Oberfläche zu dunkel wird, mit Pergamentpapier abdecken.

Den Kuchen auf ein Kuchengitter stürzen und abkühlen lassen.

Toddy

300 g Zucker
abgeriebene Schale von 3 Zitronen
500 ml Whisky

Zucker, Zitronenschale und 500 ml Wasser so lange kochen, bis der Zucker sich aufgelöst hat. Whisky zugeben und heiß servieren.

Für eine Einzelportion in einem vorgewärmten Grogglas 3 TL Zucker, abgeriebene Schale einer halben Zitrone und 2 Gläschen Whisky vermengen, mit kochendem Wasser auffüllen und heiß servieren.

»Im Norden der Grafschaft Ruppin, hart an der mecklenburgischen Grenze, zieht sich von dem Städtchen Gransee bis nach Rheinsberg hin eine mehrere Meilen lange Seenkette durch eine menschenarme […] Waldung. Einer der Seen heißt ›der Stechlin‹. Zwischen flachen, nur an einer einzigen Stelle steil und quai-artig ansteigenden Ufern liegt er da, rundum von alten Buchen eingefaßt, deren Zweige, von ihrer eigenen Schwere nach unten gezogen, den See mit ihrer Spitze berühren. […] Alles still hier. Und doch, von Zeit zu Zeit wird es an eben dieser Stelle lebendig. Das ist, wenn es weit draußen in der Welt, sei's auf Island, sei's auf Java, zu rollen und zu grollen beginnt. […] Dann regt sich's auch hier, und ein Wasserstrahl springt auf und sinkt wieder in die Tiefe […]; wenn's aber draußen was Großes giebt, wie vor hundert Jahren in Lissabon, […] dann steigt statt des Wasserstrahls ein roter Hahn auf und kräht laut in die Lande hinein.«

Wanderungen zu märkischen Tischen und Tafeln

Die Zeit jenseits des Kanals hatte Fontane zu einem Experten für insulare Angelegenheiten gemacht, der über britische Kunst und Politik gleichermaßen informiert war und informieren konnte. Und da ihn seine Arbeit für ein preußisches Ministerium allzu liberaler Einstellungen unverdächtig gemacht hatte, war die sehr konservative ›Neue Preußische (Kreuz-)Zeitung‹ bereit, ihn als Redakteur für den »Englischen Artikel« einzustellen. Im Redaktionsbüro hatte er britische Zeitungen zu sichten, um daraus anschließend – wie damals durchaus üblich – den Bericht eines (nicht existenten) Londoner Korrespondenten zu ›fingieren‹, weshalb diese Beiträge auch »Unechte Korrespondenzen« genannt werden.

Der tägliche Dienst beanspruchte ihn jedoch nicht so stark, als daß er nicht noch Zeit für andere Arbeiten gefunden hätte. Fontane erinnerte sich der Einsicht auf dem Loch Leven und begann mit den Streifzügen durch seine Heimat, mit den »Wanderungen durch die Mark Brandenburg« bald nach der Rückkehr aus England. Der begeisterte Schottland-Tourist erkannte durchaus, daß die Landschaft in der näheren und weiteren Umgebung Berlins, an den Ufern von Spree, Havel und Oder, nicht zu den spektakulärsten Gegenden Deutschlands zählte – auch wenn sie den Vergleich mit den Highlands nicht zu scheuen brauchte – und daß es Mühe bereiten würde, dem Publikum die spezifische Schönheit der Mark nahezubringen. Doch er war überzeugt, daß sich diese Mühe lohne, und so schrieb er denn in einem Vorwort zum ersten Band, der 1861 unter dem Titel »Die Grafschaft Ruppin« erschien: »Ich bin die Mark durchzogen und habe sie reicher gefunden, als ich zu hoffen gewagt hatte.«

Fast dreißig Jahre ›zog‹ Theodor Fontane durch die Mark Brandenburg, und anfangs vollbrachte er dabei wahre Pionierleistungen. Noch war die Mark nicht als Ferienland entdeckt; nur Ausflügler, die auf einer Landpartie die damals noch eng gezogenen Grenzen Berlins überschritten, wagten sich in die sandige, von Kiefern bewachsene Heidelandschaft vor. Bei seinen Reiseplanungen wurde Fontane von Freunden und Bekannten unterstützt, die Land und Leute kannten und durch ihre Beziehungen viele sonst verschlossene Türen zu öffnen wußten. Vor allem Mathilde von Rohr, die er durch seinen Freund Lepel kennenlernte, war ihm bis zu ihrem Tode 1889 eine fürsorgliche Ratgeberin; zuerst in ›Wanderfragen‹ – sie stammte aus der Nähe von Neuruppin und vermittelte den Zugang zu manchem Schloß, zu mancher Bibliothek – und später bei Schwierigkeiten in Beruf und Ehe. Über seine Wanderungen schrieb Fontane mehrere Bände, die jahrelang zu seinen erfolgreichsten Publikationen gehörten. Wenn es den Begriff damals schon gegeben hätte, würden die Kritiker, die über diese Bücher insgesamt sehr positiv urteilten, von Longsellern gesprochen haben, deren nachhaltige Wirkung auf den Tourismus in der Mark nicht hoch genug eingeschätzt werden kann.

Fontane machte sich voller Elan an seine neue, selbstgewählte Aufgabe, und rückblickend stellte er viele Jahre später in einem Brief an seinen Sohn Theo fest, daß er von solchen Spritzfahrten in die Nähe viel mehr Anregung, Vergnügen und gesundheitliches Wohlbefinden gehabt habe als von den großen Reisen. Diese waren zumeist anstrengend, sehr kostspielig und obendrein häufig demütigend, »denn man debütiert überall als Schuster. In Teupitz und Wusterhausen aber, und nun gar in Priegnitz und Havelland bin ich immer glücklich gewesen. Man paßt mehr zum ›Gasthof zum alten Zieten‹ in Wildberg als zum Clarendon-Hotel in London. Schmerzlich, aber wahr.«

Ganz ohne Probleme jedoch hat man sich die Exkursionen nicht vorzustellen. Bevor Fahrpläne studiert, Taschen gepackt, Wandergefährten eingeladen und Kutschen gemietet werden, ermahnt Fontane den Reiselustigen, sind einige Regeln zu beachten, um das »Reisen in der Mark« zu einer nachhaltigen und beglückenden Erfahrung zu ma-

Theodor Fontane.
Ölgemälde von Carl Breitbach, 1883
(signiert 1889)

chen. Der Reisende sollte unvoreingenommen sein und nicht etwa mit den kritischen Vergleichen des Welterfahrenen gewissermaßen die Alpen gegen die Märkische Schweiz und das Mittelmeer gegen den Stechlin-See ausspielen. Er darf nicht allzu verwöhnt sein durch den Komfort der »großen Touren«, denn wenn ihm auch selten das Schlimmste zugemutet wird, so haben sich die »Zustände des modernen Kulturlebens« doch noch nicht überall durchgesetzt; man kann auf eine luxuriöse Unterkunft ebenso treffen wie auf eine Lagerstätte, »die alle Schrecknisse, deren Bett und Linnen überhaupt fähig sind, in sich vereinigt«. Vor allem aber – und damit rechnet man nicht bei Fahrten in die touristisch noch unerschlossene Mark – muß man den Beutel mit Geld füllen, denn die Fuhrwerke wollen teuer bezahlt sein und nur ein »Dauerläufer« könnte auf sie verzichten.

Wer sich mit diesen Verhältnissen einverstanden erklärt, auf den warten Begegnungen mit einer eigenartigen und beeindruckenden Landschaft und mit Menschen, die über diese Region und ihre Geschichte interessant zu erzählen wissen. Was Fontane nicht fordert – und dabei bedeutet es für *seine* Wanderungen das Wesentliche – ist der poetische Sinn, den der Reisende durch die Mark braucht, um sie wirklich zu verstehen und um von ihr einfühlsam zu berichten. Später wird Theodor Fontane sagen, daß er erst beim Schreiben der Kriegsbücher zum Schriftsteller wurde – ein Dichter aber war er schon bei der Arbeit an den »Wanderungen«.

Doch Fontane reist nicht nur als Historiker, und die Ziele seiner Wanderungen sind nicht immer geschichtsträchtige Orte, nicht nur Kirchen und Schlösser, die mit Kennerblick eingehend gewürdigt werden. Auf seinen Streifzügen durch die Mark wird auch der Feinschmecker Fontane häufig zu Gast geladen – zu einem einfachen Mahl im Pfarrhaus oder zu einem üppigen Diner im Schloß –, und er lernt dabei die Vielfalt dessen kennen, was in Brandenburg wächst und gedeiht. Und dabei drängen sich ihm Ähnlichkeiten auf mit dem fruchtbaren Land Gosen im Alten Testament, und er beschreibt die Mark als ein Land, in dem es Milch und Honig und noch viele Köstlichkeiten mehr gibt.

Kloster Chorin, eines der Reiseziele Fontanes

Land Gosen

Oft hör' ich: »Unsre gute Stadt
Augenscheinlich eine Verheißung hat,
Der Himmel, der uns so hegt und pflegt,
Hat uns alles wie vor die Türe gelegt.«
Ja, ja, wir haben es leicht und bequem:
Im Brieselang Eichen, in Glindow Lehm,
In Rauen Kohlen, in Linum Torf,
Kalkgeschiebe bei Rüdersdorf,
Im Grunewald Schwarzwild, Hirsch und Reh,
Spargel en masse bei Halensee,
Dill und Morcheln und Teltower Rüben,
Oderkrebse hüben und drüben,
Auf dem Hohen Barnim Fetthammel-Herden
(Werden mit nächstem Southdowns werden),
Königshorster Butter, in Sperenberg Salz,
Im Warthebruch Gerste, Graupen und Malz,
In Kienbaum Honig, im Havelland Milch,
In Luckenwalde Tuch und Drillch,
Bei den Werderschen Kirschen und Aprikosen
Und bei Potsdam ganze Felder von Rosen.
Nichts entlehnt und nichts geborgt,
Für Großes und Kleines ringsum gesorgt,
Und gesorgt vor allem auch (und nicht schlecht)
Schon für unser kommendes Geschlecht –
Des sind uns Gewähr unsre lieben, strammen
und fast unmöglichen Spreewaldsammen.

Kirschblüte in Werder

Der Reisende durch die Mark wird also immer auf leckere Stärkung rechnen können, sei es, daß er die Grafschaft Ruppin und den Ratskeller in Rheinsberg besucht, sei es, daß er das Havelland durchstreift und in Werder einkehrt oder daß er sich im Spreewald auf den Flußarmen, den sogenannten Fließen, befördern läßt und in Lübbenau die Gurken probiert.

Fontane begann seine Wanderungen – wie könnte es anders sein – in seiner Geburtsstadt Neuruppin und am Ruppiner See, und in seinen Erinnerungen griff er weit aus in die Zeit, in der Kronprinz Friedrich, der spätere Friedrich II., dort Regimentskommandeur war und sein Leben fernab väterlicher Strenge genoß. Abends traf dieser sich mit engen Freunden im Tempelgarten, der jenseits der Wallanlagen ein idyllisches Refugium nach dem Garnisonsdienst bot. Im Garten wurden Wein, Melonen und Kirschen gezogen, Levkojen verbreiteten einen intensiven Duft, und im ›Tempel‹, einem von korinthischen Säulen getragenen Pavillon, wartete ein luftiges Eßzimmer mit wohlgedeckter Tafel auf die Hungrigen. Der strenge König hatte für den Thronfolger eine spezielle Instruktion herausgegeben, die die Lebensweise des Kronprinzen, darunter auch die täglichen Mahlzeiten, regelte. Mittags sollten nicht mehr als acht Schüsseln – zwei Gänge à vier – auf dem Tische stehen, und abends durfte es weiter nichts als kalten Braten geben. Der lebenslustige Friedrich hielt sich mit seinen Freunden kaum an die königliche Order, vielmehr gönnte man sich jede Woche ausgesuchte Delikatessen, die extra mit der Post aus Hamburg gebracht wurden. Fontane schildert mit unverhohlener Sympathie die Neuruppiner Tage des Kronprinzen, und bei einem Besuch in der Stadt genießt er besonders eine Abendeinladung in die von Friedrich und seiner Entourage seinerzeit genutzten Räume, bei der man anstößt auf die alte Zeit und was sie groß gemacht.

Mit gleichem Wohlwollen beschreibt Fontane die Tafelfreuden des Prinzen Heinrich, eines Bruders Friedrich II., im Schloß zu Rheinsberg. Er stellt lobend fest, daß der Prinz außerordentlich maßvoll war, »eine gebackene Speise, wie sie sein Bruder liebte: Maccaroni, Parmesankäse und Knoblauchsaft, hätte ihn getödtet. Wie er die Frauen nicht liebte, so auch nicht den Wein, aber er war billig denkend genug, seinen Privat-Geschmack nicht zum allgemeinen Gesetz zu erheben, und seine Küche, wie sein Keller, ließen niemanden darben.«

Zu Rheinsberg, vor allem zum Schloß, hatte Fontane eine besondere Neigung; die Stadt war klein und lag fernab der großen Verkehrswege, aber um so lieber machte er, wenn er von Ruppin kam, in Rheinsberg Station, denn hier gab es einen idyllisch unter Kastanien gelegenen Gasthof, den Ratskeller. Da es gerade von der Turmglocke Mittag schlug, war der Appetit der Reisenden entschieden der Ansicht, »daß das Rheinsberger Schloß all seines Zaubers unerachtet doch am Ende kein Zauberschloß sein werde, das jeden Augenblick verschwinden könne«; deshalb beschloß man, v o r dem Besuch ein kräftigendes Frühstück einzunehmen und gewissenhaft zu probieren, »ob der Ratskeller seinem Namen Ehre mache oder nicht«.

Ganz in der Nähe von Rheinsberg liegt der geheimnisvolle Stechlin-See, dem unterirdische Verbindungen mit weit entfernten Weltgegenden nachgesagt werden, und in seiner Nähe wiederum befindet sich das Schloß Stechlin – allerdings nur im gleichnamigen Roman. Die Grafschaft Ruppin und mit ihr die Gegend um den Stechlin-See standen am Anfang der erfolgreichen schriftstellerischen Tätigkeit Theodor Fontanes als märkischer Wanderer und ebenso am Ende seines Wirkens als europäischer Romancier. In der Figur des alten Dubslav von Stechlin porträtierte Fontane ein wenig sich selbst, vor allem aber den märkischen Adel (»Nicht wie er ist, sondern wie er sein sollte«) und dessen Lebensweise. Über das gesellschaftliche Leben auf einem Schloß in der Mark, über Tafelfreuden und märkische Spezialitäten erhält man zahlreiche Informationen, wenn man den Roman liest und Bekanntschaft macht mit Dubslav von Stechlin.

Der alte Stechlin lebt schon lange allein auf dem Lande, und er ist deshalb froh, wenn sein Sohn Freunde mitbringt, die die Tischgesellschaft beleben und die er mit den kulinarischen Spezialitäten der Gegend verwöhnen lassen kann. Wie häufig bei Fontane erfährt der Leser weniger über das, was bei Tische präsentiert wird, aber dafür um so mehr, wie die Gäste sich während des Essens unterhalten.

»Eine Beschreibung des Schlosses versuch ich nur in allgemeinsten Zügen. Es besteht aus einem Mittelstück (corps des logis) und zwei durch eine Kolonnade verbundenen Seitenflügeln. In Front der See. Mehr eine Eigenthümlichkeit als eine Schönheit bilden ein paar abgestumpfte Rundthürme, die sich an die Giebel der Seitenflügel anlehnen.«

»Lindow ist so reizend wie sein Name.
Zwischen drei Seen wächst es auf, und alte
Linden nehmen es unter ihren Schatten.«

Als Vorspeise wird eine Suppe gereicht, gefolgt vom Fischgang, der aus einem Karpfen besteht. Und dieser nun bietet einem der Gäste Anlaß zu Betrachtungen, die weit über eine mögliche lukullische Thematik hinausgehen.

Dubslav von Stechlin fragt seinen Gast Czako, ob er noch einmal vom Karpfen nehmen wolle:

»Gewiß, Herr von Stechlin«, sagte Czako. »Erstlich aus reiner Gourmandise, dann aber auch aus Forschertrieb oder Fortschrittsbedürfnis. Man will doch an dem, was gerade gilt oder überhaupt Menschheitsentwickelung bedeutet, auch seinerseits nach Möglichkeit teilnehmen, und da steht denn Fischnahrung jetzt obenan. Fische sollen außerdem viel Phosphor enthalten, und Phosphor, so heißt es, macht ›helle‹. […] Was mich aber […] an diesen Karpfen noch ganz besonders fesselt – beiläufig ein Prachtexemplar – das ist das, daß er doch höchstwahrscheinlich aus Ihrem berühmten See stammt, über den ich durch Woldemar, Ihren Herrn Sohn, bereits unterrichtet bin. Dieser merkwürdige See, dieser Stechlin! Und da frag ich mich denn unwillkürlich (denn Karpfen werden alt; daher beispielsweise die Mooskarpfen), welche Revolutionen sind an diesem hervorragenden Exemplar seiner Gattung wohl schon vorübergegangen?«

Und die anschließenden Überlegungen, ob der Karpfen sich wohl bei gefährlichen Ereignissen feige verkrochen habe, beantwortet Dubslav in der apodiktischen wie aphoristischen Weise des Autors:

»Mein lieber Herr von Czako, die Beantwortung Ihrer Frage hat selbst für einen Anwohner des Stechlin seine Schwierigkeiten. Ins Innere der Natur dringt kein erschaffener Geist. Und zu dem innerlichsten und verschlossensten zählt der Karpfen; er ist nämlich sehr dumm. Aber nach der Wahrscheinlichkeitsrechnung wird er sich beim Eintreten der großen Eruption wohl verkrochen haben. Wir verkriechen uns nämlich alle. Heldentum ist Ausnahmezustand und meist Produkt einer Zwangslage […].«

Der nächste Gang ist ein ländlicher Leckerbissen, eine Spezialität von Schloß Stechlin, die jedesmal die Bewunderung der Gäste hervorruft: losgelöste Krammetsvögelbrüste, mit einer dunklen Kraftbrühe serviert, die immer, wenn

die Herbst- und Ebereschentage da waren, als eine »höhere Form von Schwarzsauer« auf den Tisch kamen; zu diesen wird ein alter Burgunder gereicht. Nach dem Diner bietet Dubslav Digestifs an – nicht ohne entsprechende ironische Bemerkungen:

»Jetzt, wenn man von Tisch kommt, muß es immer ein Cognac sein. Aber ich bekenne Ihnen, lieber Hauptmann, ich mache die Mode nicht mit; wir aus der alten Zeit, wir waren immer ein bißchen fürs Süße. Crème de Cacao, na, natürlich, das is Damenschnaps, davon kann keine Rede sein; aber Pomeranzen oder, wie sie jetzt sagen, Curaçao, das ist mein Fall. Darf ich Ihnen einschenken? Oder vielleicht lieber Danziger Goldwasser? Kann ich übrigens auch empfehlen.«

»Dann bitte ich um Goldwasser. Es ist doch schärfer, und dann bekenne ich Ihnen offen, Herr Major ... Sie kennen ja unsre Verhältnisse, so 'n bißchen Gold heimelt einen immer an. Man hat keins und dabei doch zugleich die Vorstellung, daß man es trinken kann – es hat eigentlich was Großartiges.«

Der alte Stechlin hat durchaus Verständnis für diese Sicht der Dinge, denn wenn er sich auch »Schloßherr« nennen kann, so tut er dieses ungern – zum einen, weil er gänzlich uneitel ist, zum anderen, weil seine wirtschaftlichen Verhältnisse keine Prätention rechtfertigen würden.

Seine Schwester Adelheid, Domina des Klosters Wutz, sieht in ihrem Adelsstolz diese Bescheidenheit höchst ungern; in ihrem Stift führt sie ein strenges Regiment, auf das der junge Stechlin seine Freunde vorbereitet, da sie eine Einladung in den Konvent haben. Auch dort wartet eine festlich gedeckte Tafel auf die Gäste, weder silberne Leuchter noch Blumenarrangements fehlen, und die Suppenterrine ist aus Meißner Porzellan – bezeichnenderweise mit einem Engel auf dem Deckel. Die Domina bittet, von zwei Stiftsdamen begleitet, zu Tisch und läßt als gute Wirtin ein mehrgängiges Menü servieren. Nach der Suppe und dem obligaten Fisch wird eine deftige Delikatesse gereicht, ein gebackener Schinken mit Linsenpüree, dem von den Offizieren kräftig zugesprochen wird. Anschließend gibt es Rebhuhnflügel in einer pikanten Sauce, diese ein Küchengeheimnis der Domina, und auch hier bedienen sich die Gäste mehrfach. Czako fühlt sich verpflichtet, seinen Appetit zu rechtfertigen:

»Eine gesegnete Gegend, Ihre Grafschaft hier«, begann er. »Aber freilich heuer auch eine gesegnete Jahreszeit. Gestern abend bei Dubslav von Stechlin Krammetsvögelbrüste, heute bei Adelheid von Stechlin Rebhuhnflügel.«

»Und was ziehen Sie vor?« fragte die Schmargendorf.

»Im allgemeinen, mein gnädigstes Fräulein, ist die Frage wohl zugunsten ersterer entschieden. Aber hier und speziell für mich ist der Ausnahmefall gegeben.«

»Warum ein Ausnahmefall?«

»Sie haben recht, eine solche Frage zu stellen. Und ich antworte, so gut ich kann. Nun denn, in Brust und Flügel ... »

»Hihi.«

»In Brust und Flügel schlummert, wie mir scheinen will, ein großartiger Gegensatz von hüben und drüben; es gibt nichts Diesseitigeres als Brust, und es gibt nichts Jenseitigeres als Flügel. Der Flügel trägt uns, erhebt uns. Und deshalb, trotz aller nach der andern Seite hin liegenden Verlokkung, möchte ich alles, was Flügel heißt, doch höher stellen.«

Über das Leben in einem Damenstift ließ sich Fontane von seiner Gönnerin Mathilde von Rohr informieren, und da sie ihn und seine Familie regelmäßig mit Spargelsendungen und anderen Leckereien verwöhnte, wußte er auch um die gute Küche in einem Konvent. Seine Vorstellungen waren ferner durch die Begegnung mit dem Kloster Lindow am Wutzsee geprägt, das er auf seinen Wanderungen besuchte und dessen alter Friedhof ihn besonders beeindruckte.

Aber es sind nicht nur die Adelssitze, denen Fontane seine Aufwartung macht, nicht nur die Schlösser, Kirchen und Denkmäler, die er beschreibt, sondern vor allem Land und Landschaft finden sein uneingeschränktes Interesse. Dabei wird dem Leser auch vor Augen geführt, daß die Schätze der Mark Brandenburg nicht allein die Zeugnisse ihrer großen Geschichte sind, sondern auch jener Reichtum, den Bauern und Fischer erwirtschaften.

Im Havelland, das meint hier vornehmlich die Gegend um Potsdam, war es besonders der Obstanbau, der von Fontane gerühmt wurde. Für ein Kind, das damals in der

Schule Fontane-Gedichte auswendig lernen mußte, war sicher der bekannteste Obstbauer des Havellandes der Herr von Ribbeck auf Ribbeck, der allerdings seine Prominenz einem einzigen Birnbaum verdankt, von dem man nur die Süße seiner Früchte, nicht aber den Namen kennt. Fontane selbst wanderte nach Werder, das, in der Nähe des Potsdamer Hofes gelegen, zum bevorzugten Obstanbaugebiet wurde. König Friedrich Wilhelm I., selbst ein Feinschmecker mit ausgeprägtem Sinn für gute Küche, entdeckte wohl als einer der ersten die Qualität der Werderschen Kirschen und sorgte für einen intensiven Anbau. Einen wahren Aufschwung nahm aber der Obstanbau, als man die Früchte auf Schuten, die von Werderanerinnen gerudert wurden, bis nach Berlin brachte und dort direkt absetzte. Diese »Werderschen«, die »besten Freundinnen« seiner Jugend, sind es auch, die Fontane nach Werder wandern lassen. Er erinnert sich an die Obststände zwischen Herkules- und Friedrichsbrücke, die er täglich auf seinem Schulweg passierte; das dunkle Rot der »Knupperkirschen«, der Duft der Pfirsiche, die Sanftheit der Aprikosen waren beeindrukkend und verführerisch zugleich.

Der ältere Fontane dachte aber noch an eine andere »Werdersche«, die aus der Gastronomie Berlins nicht mehr wegzudenken war – an ein frisch gebrautes, köstliches Bier. Das typische Berliner Bier war eigentlich die Weiße, ein schwach alkoholisches, säuerliches obergäriges Bier, ein guter Durstlöscher und häufig mit Zutaten wie Himbeersaft oder Waldmeistersirup geschmacklich verändert. Im Laufe der Jahre drängten Konkurrenzprodukte auf den Markt, die schon an bayrischen Bieren orientiert waren.

Spreewaldhecht

1 Hecht (1,2–1,5 kg),
ausgenommen, geputzt
Zitronensaft

Fischsud

250 ml Weißwein
(oder dunkles Bier)
750 ml Wasser
1 Zwiebel, in Scheiben geschnitten
2 Lorbeerblätter
2 Gewürznelken
einige Zitronenscheiben
je 1 TL weiße Pfefferkörner
und Senfkörner

Spreewaldsauce

80 g Butter
80 g Mehl
800 ml Fischsud
4 EL Weißwein
(oder Bier)
125 ml Sahne
Salz
weißer Pfeffer
Zucker
gehackte Petersilie

Zunächst einen Fischfond aus den Hechtabfällen (vom Fischhändler mitgeben lassen) und den obigen Zutaten ansetzen, aufkochen und etwa 30 Minuten simmern lassen. Durch ein Sieb abgießen.

Den Hecht in dicke Scheiben schneiden, mit Zitronensaft beträufeln und 10 Minuten stehen lassen. Dann in dem schwach kochenden Fond 12–15 Minuten ziehen lassen, herausnehmen und warmstellen.

Aus Butter und Mehl eine Schwitze bereiten, mit dem heißen Fischfond aufgießen und zu einer sämigen Sauce aufschlagen, mit Salz und frischgemahlenem Pfeffer sowie etwas Zucker abschmecken und 10 Minuten köcheln lassen. Schließlich Wein (oder Bier), Sahne und einen Teil der Petersilie unterrühren.

Die Hechtscheiben zurück in die Sauce legen und kurz erwärmen. In einer vorgewärmten Schüssel anrichten, mit gehackter Petersilie bestreuen. Dazu Dampfkartoffeln und einen frischen Salat reichen.

Allerdings waren sie mehr »Kulmbacher von der milderen Observanz«, denn – wie Fontane sagte – »Berlin war für die Baiersche noch nicht reif, aber das Seidel wurde bereits geahnt«. In diese Lücke stieß die »Werdersche«.

Sie hielt sehr bald ihren Einzug in die Berliner Häuser – gewissermaßen über die Hintertreppe. In den Regionen von Küche und Kinderzimmer, vor allem also bei den Spreewaldammen, »erwuchs ihr das süße Gefühl, eine Mission gefunden und erfüllt zu haben; sie wurde Nahr-Bier in des Wortes verwegenster Bedeutung, und das gegenwärtige Geschlecht, wenn auch aus zweiter Hand erst, hat Kraft und Leben gesogen aus der ›Werderschen‹«. Übrigens standen früher in vielen Orten der Mark Braubottiche; alte Chroniken berichten davon, daß jede Stadt ihr eigenes Bier braute – manche gaben dem ihren skurrile Namen wie Kyritzer Mord und Totschlag oder Angermünder Ketzerbier – und daß auch der Hopfenanbau, vor allem in der Prignitz, eine große Rolle spielte.

Während in und um Werder die Voraussetzungen für die Gastlichkeit von Bürgertum und Adel gleichermaßen geschaffen wurden, kommt anderen Orten des Havellandes eine nicht unwesentliche Bedeutung für die Gastlichkeit des preußischen Hofes zu: Potsdam, Paretz und die Pfaueninsel zeigen in unterschiedlicher Weise, wie das Königshaus jeweils lebte. In Potsdam richtete sich Friedrich II. mit dem Schloß Sanssouci ein Refugium für sich und seine Gäste ein, in dessen Park Wein, Kirschen und seltenes Obst wie Ananas gezogen wurden, sogar von einer »Melonerie« schreibt ein Enzyklopädist des 18. Jahrhunderts. Hier lud der König, vielleicht in Erinnerung an seine Neuruppiner Tage, wieder zu einer Tafelrunde.

In Paretz ließ der äußerst sparsame Friedrich Wilhelm III. für sich, seine Frau Luise und die Familie ein kleines Palais bauen, das eher einem Gutshof als einem Schloß glich. Für die Sparsamkeit des königlichen Haushaltes ist auch bezeichnend, daß er die Grünanlagen teilweise mit Pflanzungen gestalten ließ, die aus dem Park von Sanssouci entnommen wurden. Das stille, unaufwendige Leben des Monarchen beschreibt Theodor Fontane mit unverkennbarer Anteilnahme und mit der Sympathie eines Enkels von Hofangehörigen der Königin Luise.

Ein spezieller Zufluchtsort für königliche Hoheiten, später aber auch für andere Besucher war die Pfaueninsel mit ihrem Schlößchen. Für Fontane steigt bei der Nennung dieser Insel ein Bild aus Kindertagen auf: ein Schloß, Palmen und Känguruhs, kreischende Papageien, Pfauen auf hoher Stange oder ein Rad schlagend – ein rätselvolles Eiland, ein Blumenteppich inmitten der Mark. Die Gestaltung war wie so viele märkische Landschaftsgärten und Parks vor allem ein Werk von Peter Joseph Lenné, und neben zahlreichen Zierpflanzen wurden auch Wein und andere Früchte angebaut. An die Schönheit und Gastlichkeit des Ortes knüpfte Fontane Betrachtungen, die mit einer Frau Friedrich zusammenhängen. Frau Friedrich übte eine ganz spezielle »Pfaueninsel-Herrschaft« über alle Besucher aus, die sich auf das Verbot gründet, auf der Insel Wirts- oder Kaffeehäuser zu eröffnen. Da aber alle Besucher des Schlosses nach der Besichtigung »das dem norddeutschen Menschen tief innewohnende Bedürfnis des Nachmittagskaffees« hatten, waren sie von der Gnade der Frau Friedrich abhängig. Dennoch zählte Fontane einen Besuch der Pfaueninsel zu seinen besonderen Erlebnissen – vielleicht auch deshalb, weil er mehr den Duft der Levkojenbeete und den Sonnenuntergang über der Havel als den Gnadenkaffee der Frau Friedrich genoß.

Fontane bereitete seine Wanderungen gründlich vor, und nach der Rückkehr recherchierte er weitere Einzelheiten durch Befragung von Freunden und Bekannten sowie durch die Lektüre einschlägiger Bücher – auch und gerade dann, wenn Neuauflagen der Bände anstanden. So bemühte er sich z. B. für den erneuten Druck von »Spreeland«, seine Aussagen über die Gurkenproduktion auf den neuesten Stand zu bringen. Als Gewährsmann galt ihm dabei der »Sauregurkenhändler« in Lübbenau, von dem die Familie Fontane selbst jedes Jahr ein Fäßchen bezog, wie er an seinen Verleger schrieb.

Gemüsezucht nämlich war es vor allem, wodurch der Spreewald seine Bedeutung für Feinschmecker erhielt, und zwar nicht nur für die Berliner, die es gewohnt waren, in ihrer Eckkneipe ein Glas mit sauren Gurken auf dem Tresen neben Soleiern und Buletten zu finden. Lübbenau, das »Venedig der Lausitz«, war der Stapelplatz der Spreewald-

produkte, von wo sie in alle Welt verschickt wurden. An oberster Stelle standen die Gurken, die in riesigen Mengen verkauft wurden – 800 Schock (d.h. knapp 50.000 Stück) von einem Händler in einer Woche. In großen Häfen wie Hamburg oder Liverpool, wo man in Tonnen rechnete, würden solche Zahlen nichts bedeuten, räumt Fontane ein, aber »›jede Stelle hat ihre Elle‹, was erwogen für diese 800 Schock eine gute Reputation ergibt.« Neben den Gurken, die auch in mancherlei Zubereitungen – mit Essig, mit Dill oder gar mit Knoblauch – den Weg nach Berlin und anderswo fanden, gab es noch andere begehrte Produkte aus dem Spreewald. Fontane nennt vor allem Kürbis und Meerrettich sowie Sellerie, die den Ruhm Lübbenaus als »Gemüsemetropole« der Mark begründeten, und so kann man denn noch heute im Herbst Kähne sehen, die hoch mit Kürbissen beladen durch die Fließe gestakt werden.

Dank seiner zahlreichen Gewässer besaß der Spreewald natürlich auch einen großen Fischreichtum, der in den Gasthäusern der Gegend, aber auch in den Restaurants von Berlin für eine Erweiterung der Speisepläne sorgte. Als typischer Spreewaldfisch kann der Hecht gelten, und deshalb verwundert es nicht, daß auch Fontane, als er bei seiner Exkursion bei einer freundlichen Wirtin einkehrte, Hecht serviert bekam. Er stellte mit Nachdruck fest: »Das wäre kein echtes Spreewalds-Mahl, wenn nicht ein Hecht auf dem Tische stünde.« Und zum Spreewaldhecht gehörte früher die Spreewaldsauce, die ihre Mächtigkeit aus der reichlichen Verwendung von Sahne und der etwas knapperen von Butter gewann.

Während Theodor Fontane normalerweise seine Wanderungen mit Bahn, Pferdefuhrwerk und nicht selten auch zu Fuß unternahm, verlockte die Spreelandschaft geradezu zu einer »Bootswanderung«. Fontane war deshalb sehr glücklich, als ihn Mitglieder eines recht exklusiven Segelclubs einluden, auf der ›Sphinx‹ von Köpenick aus die Spree aufwärts zu ihren Quellflüssen zu befahren. Rechtzeitig fand er sich zur Abreise ein, und das gab ihm Gelegenheit, die »Verproviantierung« des Bootes zu beobachten. »Der Eindruck, den ich davon empfing, war ein gemischter, denn alles Tröstliche, was er mit sich brachte, wurde durch ebensoviel Beängstigendes balanciert. Durch welche Gegenden mußten wir kommen, um zu solchen

Vorsichtsmaßregeln gezwungen zu sein! Es wurden eingeschifft: 120 Flaschen Tivolibier, 120 Flaschen Sodawasser, 30 Flaschen Bordeaux, 3 Filets, 2 Schock Eier, 1 Butterfaß, 1 Zuckerhut, 1 Baumkuchen, 6 Flaschen Scharlachberger und 1 Dutzend Flaschen Champagner.« Der zeitgenössische Leser konnte diese Aufzählung durchaus goutieren, sagte sie ihm doch, daß eine Crew mit kulinarischen Ansprüchen unterwegs war: Das Bier stammte aus einer Brauerei, die im weitesten Sinne aus dem Kreuzberger Vergnügungszentrum Tivoli hervorgegangen war, der Weißwein kam aus dem Rheingau und galt – nach zeitgenössischen Zeugnissen – als die berühmteste Binger Lage, und die Menge an Bordeaux und Champagner sprach für sich. Auch die vielen an Bord verstauten Kleinigkeiten wie beispielsweise Salbeiblätter und Dilldolden, um Aal bzw. Schlei zu kochen, ließen kulinarische Kompetenz des Schiffskochs Mudy ahnen. Und richtig, während einer Mittagspause servierte dieser auf festlich gedeckter Tafel – Damast, Silber und Tafelaufsätze fehlen nicht – ein vorschriftsmäßiges Menü in mehreren Gängen, unter denen sich besonders das Fischgericht Schlei mit Dill auszeichnete. Den Höhepunkt der Mahlzeit bildeten die von Mudy mühsam gesammelten, köstlichen Blaubeeren und Walderdbeeren, die so recht die von Fontane mehrfach geäußerte Regel veranschaulichten, daß »das Dessert die Krone jedes Mahles sei«.

Aber nicht nur die Spree hielt für die Märkte von Berlin und Brandenburg und weit darüber hinaus ein großes Angebot an Fischen bereit, sondern auch die Oder konnte hier durchaus mithalten und obendrein durch eine spezielle Offerte auch die Freunde von Krustentieren erfreuen – das gesamte Oderbruch lieferte während vieler Jahre Krebse im Überfluß. Es gab Zeiten, so berichtet Fontane in seinen »Wanderungen«, in denen sich die Krebse wegen der Wärme des Wassers auf das Land und dort sogar auf die Bäume flüchteten, so daß man sie nicht zu fangen brauchte, sondern einfach von den Bäumen schütteln konnte. Wie so viele Erlebnisse und Erfahrungen seiner Wanderungen wird er auch das Thema ›Oderkrebse‹ ausführlich in einem Roman – »Frau Jenny Treibel« – wieder aufgreifen und den Leser mit der schwierigen Alternative ›Krebs oder Hummer‹ konfrontieren.

Kürbissuppe

800 g reifer Kürbis
500 ml Hühnerbrühe
500 ml Sahne
1 Zitrone
20 g Butter
Salz
Zucker
weißer Pfeffer
2 Eigelb
geröstete Weißbrotwürfelchen

Den Kürbis schälen, das Fruchtfleisch würfeln, in der Hühnerbrühe mit einem Streifen Zitronenschale kochen, bis der Kürbis gar ist. Mit dem Pürierstab pürieren. Sahne aufkochen, zum Kürbisbrei geben. Beides zusammen erhitzen. Vom Herd nehmen, die Butter einrühren, kräftig mit gemahlenem Pfeffer, Salz, Zucker und Zitronensaft abschmecken. Zum Schluß die mit etwas Sahne verquirlten Eigelbe unterrühren. Sofort servieren mit in Butter gerösteten Weißbrotwürfelchen.

In Brandenburg wird die Kürbissuppe auch ›süß‹ abgeschmeckt serviert, d. h. mit mehr Zucker und statt mit Salz und Pfeffer mit gemahlenem Zimt.

Märkischer Rinderschmorbraten

1,5 kg Rindfleisch
(aus Schulter oder Blume)
4 EL Butterschmalz
Pfeffer, Salz
1 Bund Suppengrün
2 Lorbeerblätter
1 TL Pimentkörner
500 ml Fleischbrühe

Butterschmalz in einem Bräter stark erhitzen, darin das Fleisch von allen Seiten kräftig anbraten, pfeffern und salzen. Das Suppengrün putzen und in nicht zu kleine Stücke schneiden, zu dem angebratenen Fleisch geben, ebenso die Lorbeerblätter und Pimentkörner. Die heiße Brühe angießen und zugedeckt im Ofen knapp 2 Stunden bei geringer Hitze schmoren, in den letzten 15 Minuten ohne Deckel. Die Sauce nachwürzen, evtl. mit etwas Zucker. Den Braten aufschneiden, mit der Sauce überziehen. Dazu Schmorgurken oder Möhrengemüse sowie Kartoffelklöße servieren.

Mohrrüben Luckenwalder Art

800 g Möhren
1 Zwiebel
2 EL Butter
Salz
weißer Pfeffer
etwas Macisblüte
Zucker
krause Petersilie

Mohrrüben putzen und im Ganzen in Salzwasser 15–20 Minuten garen. Die gewürfelte Zwiebel in Butter andünsten, die mit einem Buntmesser in dickere Scheiben geschnittenen Mohrrüben mit etwas Sud hinzugeben und kurz aufkochen. Mit Salz, frisch gemahlenem Pfeffer, etwas Zucker, Zitronensaft und einer Prise gemahlener Macisblüte abschmecken, mit gehackter Petersilie bestreuen und servieren.

Dazu passen gebratene Schweinemedaillons und ein lockeres Kartoffelpüree.

Lübbenauer Schmorgurken

2 Freilandgurken
(à ca. 500 g)
1 Zwiebel
60 g magerer Speck
60 g Butter
1 EL Mehl
1/2 Tasse Brühe
oder Weißwein
3 Tomaten
Salz
weißer Pfeffer
Zucker
2 EL Essig
je 2 EL gehackter Borretsch
und Dill

*D*ie Gurken schälen, halbieren, mit einem kleinen Löffel die Kerne herauskratzen und in 1 cm dicke Scheiben schneiden. Zwiebel und Speck würfeln, in einem Schmortopf in der zerlassenen Butter anschwitzen, die Gurken mit etwas Zucker zugeben und 10 Minuten unter gelegentlichem Umrühren garen. Dann das Gemüse mit Mehl bestäuben, etwas Brühe oder Weißwein angießen, weitere 15 Minuten zugedeckt schmoren lassen. Tomaten häuten und in Würfel schneiden, unterziehen, kurz aufkochen, mit Salz, frisch gemahlenem Pfeffer, Zucker und Essig abschmecken. Mit den gehackten Kräutern bestreut servieren.

Kalbsragout mit Spargel

1 kg Kalbfleisch aus der Hüfte
3 EL Butter
Pfeffer
Salz
250 ml Weißwein
1 EL Zucker
2 Lorbeerblätter
4 Salbeiblätter
4 Streifen Zitronenschale
150 ml Sahne
2 Eigelb

Gemüse

1 kg Spargel
250 g kleine Möhren
250 g Brokkoliröschen
je 1 TL Salz und Zucker
1 TL Butter

Das Fleisch in mundgerechte Stücke schneiden. In einem Brattopf die Butter erwärmen und die Fleischstücke darin zart goldgelb werden lassen (nicht bräunen!). Pfeffern, salzen und mit Weißwein ablöschen. Zucker, Lorbeer, Zitronenschale und Salbei hinzufügen und zugedeckt etwa 1 Stunde leise köcheln lassen. Danach die Zitronenschalen, Lorbeer- und Salbeiblätter entfernen. Falls zuviel Flüssigkeit für eine ›kurze‹ Sauce vorhanden ist, diese etwas einkochen. Zum Schluß die mit der Sahne verquirlten Eigelbe einrühren, abschmecken, nicht mehr kochen lassen.

In getrennten Töpfen das Gemüse in Salzwasser gar kochen. Auf vorgewärmten Tellern das Ragout in der Mitte anhäufen und mit den Gemüsen kranzförmig garnieren.

Krammetsvögel

Krammetsvögel sind Wacholderdrosseln. Sie wurden früher, wie z. B. auch Lerchen, häufig am Spieß gebraten, und waren wegen ihres würzigen, etwas bitteren Geschmacks sehr beliebt.

Für heutige Feinschmecker bieten sich als Ersatz Wachteln an, die ja inzwischen gezüchtet werden.

8 Wachteln
Zitronensaft
etwas Cognac
1 EL Wacholderbeeren
8 lange Scheiben Räucherspeck
Pfeffer
Salz
Zucker
Butter zum Braten
je einige EL Weißwein
und Wildfond
8 Scheiben Weißbrot

Die küchenfertigen Wachteln innen mit etwas Zitronensaft und Cognac beträufeln, innen und außen mit Salz, Pfeffer und zerstoßenen Wacholderbeeren würzen und mit je einer Scheibe Speck umhüllen (diese feststecken). Die Vögel in einer großen Pfanne in heißer Butter etwa 20 Minuten braten, dabei häufig begießen. Dann auf die zuvor in Butter gerösteten Brotscheiben plazieren. Den Bratfond in der Pfanne mit Weißwein und Wildfond ablöschen, etwas einkochen, mit Salz, Pfeffer und Zucker würzen und über die Wachteln gießen.

Dazu passen Rotkraut und eine Flasche Burgunder.

Gebackener Schinken mit Linsenpüree

Schinken

Geräucherter Schinken
aus der Keule
(1,5–2 kg)
2 Lorbeerblätter
1 EL Pfefferkörner
3 Zwiebeln
2 Möhren
1 Bund Majoran
Pfeffer
Honig

Linsen

400 g Linsen
1 Bund Suppengrün
2 Lorbeerblätter
1 Knoblauchzehe
1 Stück durchwachsener Speck
Salz, Zucker
Essig, Senf

Schinken

Die Fettschicht des Schinkens vom Fleischer in 1 cm große Rauten schneiden lassen. Den Schinken in eine große Bratform legen, mit heißem Wasser begießen. Lorbeerblätter, Pfefferkörner, abgezogene Zwiebeln, geputzte Möhren und den Bund Majoran dazugeben. Den Braten im vorgeheizten Ofen bei 180–200 Grad etwa 2 Stunden garen, dabei häufig begießen. Gegen Ende der Bratzeit Pfeffer über die Kruste reiben und sie mit Honig bepinseln. In Scheiben geschnitten anrichten.

Linsen

Linsen über Nacht einweichen. Am nächsten Tag in 1,5 l Wasser mit klein geschnittenem Suppengrün, Lorbeerblättern, Knoblauchzehe und Speck langsam zum Kochen bringen und etwa 1 Stunde garen. Dann Lorbeerblätter und Speck entfernen. Die Linsen mit Salz, Essig, Zucker und Senf abschmecken und pürieren. In einer Terrine mit gerösteten Zwiebelringen zu dem gebackenen Schinken servieren.

Vorlage von Adolph von Menzel für den Untersatz einer Suppenschüssel

»Um 3 Uhr fuhren wir in die Hauptstraße von Domremy hinein. Es ist ein Dorf von mittlerer Größe, eher klein. Der Eindruck, trotz hellen Sonnenscheins und des weißen Anstrichs der Häuser, war ein düsterer; alles schien auf Verfall und Armut hinzudeuten.«

ihn nie zu einer Polemik gegen den Gegner verleitete – von einigen zeitgenössischen Kritikern wurde ihm diese noble Fairness durchaus übelgenommen.

Auf diese Fairness verzichtet er selbst dann nicht, als er Anfang Oktober 1870 – dem preußischen Heer durch Lothringen folgend – in französische Gefangenschaft gerät. Bei seinem Aufenthalt in Toul weiß er sich dem Geburtsort der Jeanne d'Arc nahe, und kurzentschlossen mietet er eine Kutsche, die ihn in den kleinen Vogesenort Domrémy bringt. Allerdings hat er nicht bedacht, daß dort keine deutschen Truppen stehen, daß er plötzlich von der Nachhut zur Vorhut wird, und so geschieht denn auch, was wohl unabwendbar ist: Beim Besuch des Geburtshauses der französischen Nationalheldin wird Fontane von bewaffneten Zivilisten als vermeintlicher Spion verhaftet und in einen nahegelegenen Gasthof gebracht. Da man obendrein bei ihm eine kleine Pistole, einen Stockdegen und angeblich verdächtige Aufzeichnungen findet, scheint sein Schicksal besiegelt. Fast vierzehn Tage ist er in Gefahr, als preußischer Agent füsiliert zu werden; dann aber gelingt es ihm, die Franzosen von seiner Unschuld zu überzeugen. Allerdings werden ihm »militärische Augen« zugeschrieben, denen die Befestigungen und Truppenbewegungen nicht verborgen geblieben sein dürften; man glaubt deshalb eine Freilassung nicht verantworten zu können und schickt Fontane als »Officier supérieur« zur Festungshaft auf die Île d'Oléron; erst Ende November ist er frei und kann die Insel verlassen.

Fontane wäre nicht der engagierte Schriftsteller und Journalist, wenn er nicht sofort nach den glücklich überstandenen Gefahren seine Erlebnisse in französischen Gefängnissen in einem Buch für die sensationslustigen Zeitgenossen zusammengefaßt hätte. Zur Verwunderung, teilweise sogar zum Ärger mancher Leser berichtet der nur knapp dem Tode Entgangene in dem Band »Kriegsgefangen« allerdings nicht ohne Sympathie von dem Land und von den Menschen, deren Gast er zwangsweise sein mußte. Sein Sohn George, Offizier im preußischen Heer, rügt ihn für seine Darstellung, die so gänzlich auf Chauvinismus verzichtet, und auch Fontane ist sich bewußt, daß das Publikum in Zeiten nationalen Überschwangs von ihm eine »haarsträubende Räubergeschichte mit Hungerturm und Kettengerassel« erwartet, die er nicht liefern kann und will. Er weiß aber, daß er sein Schicksal auch seinem journalisti-

Austern aus Oléron sind unter Gourmets besonders begehrt.

schen Leichtsinn zuzuschreiben hat, und er ist dankbar dafür, daß ihm das Schlimmste erspart blieb. Sehr offen schildert er seine Angst und Not, seine Sorgen und Hoffnungen, aber auch seine Ergebung ins Unabänderliche. Er wird durch zahlreiche Gefängnisse geschleust und trifft dabei fast immer auf freundliche Menschen, die Anteil nehmen an seiner Situation und Trost zu spenden versuchen. Und tröstende Stärkung bedeutet nicht nur mitfühlende Worte, sondern – gerade in Frankreich – kulinarische Wohltaten.

Wie zu erwarten, ist das Gebotene zuweilen recht kärglich, denn auch in französischen Gefängnissen orientieren sich die Speisepläne nicht an den Wünschen einsitzender Gourmets. Die Bestimmungen der französischen Justizverwaltung setzten strikte Vorgaben für die Rationen in Gefängnissen und Zuchthäusern. So sollte es täglich 750 g Brot und zweimal je einen halben Liter Suppe geben; diese hatte pro Gefangenen 30 g Kartoffeln, 10 g Gemüse, 10 g Weißbrot und 1 g Fett zu enthalten. Die Realität sah hingegen sehr viel anders aus, und um überhaupt zu überleben, mußten sich die Insassen durch Arbeit einige Centimes hinzuverdienen – und sei es auch nur, um sich Wein gegen die sonst kaum abwendbare Demoralisierung kaufen zu können.

In Besançon, der dritten Station auf der »Gefängnis-Tour«, erlebt Fontane sehr anschaulich die karge Kost. Zwar lehnt er anfangs die dürftige Suppe ab, die regelmäßig ausgeteilt wird, doch ist er dankbar, als ihn ein junger badischer Gefreiter von der »Abendsuppe« probieren läßt, die nichts anderes ist als heißes Wasser mit Brot und Kartoffeln, durch etwas Salz und Zwiebeln schmackhaft gemacht. Von nun an partizipiert Fontane an der allgemeinen Gefangenenkost, die aus einer Fleischsuppe und einem halben Laib Brot am Morgen besteht, die sich der Gefangene entsprechend einteilen muß; Wein, Käse und Abendsuppe sind Extras, für die zu bezahlen sind. Bei der Rückschau auf die Zeit in Besançon erkennt Fontane, wie gleichgültig ihn der Wechsel der äußeren Glücksumstände, der Wegfall des sogenannten Comforts läßt; »ich fand bald heraus, daß sich bei einer dünnen Fleischbrühe, einem Glase Landwein und einigen Schnitten Weißbrot sehr wohl leben lasse, im Grunde genommen besser als bei Mayonnaisen und Nußtorte. Beiläufig eine furchtbare Zusammenstellung, die

Rochefort sur Mer

durch einen zwischengeschobenen Rehrücken nicht besser wird.«

Die Verpflegung für den verdächtigen Preußen ist aber nicht immer so kärglich; in Neufchâteau, am ersten Abend der Einkerkerung, bietet ihm der Wärter die Teilnahme am eigenen Mahl – Karotten in einer Petersiliensauce – an, aber Fontane begnügt sich mit Wasser und Cognac. In Langres, der zweiten Station, lebt er im Gefängnis gewissermaßen mit Familienanschluß, da der Sohn des Wärters ihm häufig Gesellschaft leistet, und Fontane die Mahlzeiten zuweilen mit der Familie einnimmt. Einmal wird ihm hier sogar eine »Riesentaube« serviert, die »freilich einer ganz anderen Geflügelgattung anzugehören schien als jener furchtbare Sperlingsbraten«, den man gemeinhin in Berlin unter dem Namen »Taube« auftischt.

Seine Verpflegungssituation bessert sich zunehmend, als er von Besançon an den Atlantik im Status eines »Officier supérieur« reisen muß, der sich gegen entsprechende Bezahlung das Essen aus einem Restaurant bringen lassen kann. Über Lyon und Moulins führt der Weg nach Poitiers und Rochefort, und dort ahnt Fontane erstmals das Meer, das ihn auf Oléron jeden Tag aufs Neue beeindrucken wird. Rochefort liegt zwar nicht direkt an der Küste, die Flut aber dringt bis in den Hafen, in dem Briggs und Dreimaster dem müden Ankömmling einen malerischen Anblick bieten. Das Gefängnis, noch heute zu sehen, liegt mitten in der Stadt; der Schließer bringt trotz später Stunde noch ein Abendbrot, das aus Landwein, Obst und einigen Nüssen besteht, den durchgefrorenen Gefangenen aber nicht so recht erwärmen kann. Dann geht es auf dem Landweg, nicht etwa auf dem Fluß Charente, weiter Richtung Oléron. Unterwegs macht man Rast in einem kleinen Ort, an den sich Fontane als St. Agnair erinnert, und in dem ihm die Auberge wie eine spanische Posada vorkommt. Tatsächlich heißt der Ort St. Agnant, und wenn man heute den Gasthof sucht, so findet man ihn zwar nicht mehr, stößt aber auf ein Gotteshaus, das im Stil einer spanischen Dorfkirche gebaut ist und Fontane wohl die Assoziation seiner Herberge mit einer Posada nahelegte.

Von Marennes endlich setzt man nach Oléron über, dabei die Austernbecken im Blick, die den Reichtum der Gegend ausmachen. Auf der Insel landet man im Hafen von

Château, dem Hauptort, dessen Zitadelle eine lange Tradition in der Beherbergung von Kriegsgefangenen hat. Fontane wird freundlich empfangen, eine Elsässerin präsentiert einige Flaschen Straßburger Bieres, und zum ersten Male nach sechs Wochen kann er wieder Gerstensaft genießen. Er kritisiert zwar das »sehr mäßige Produkt«, freut sich aber, daß es immerhin Bier ist und etwas von jenem nervenstärkenden Bitterstoff hat, »der die Hauptsache bleibt«; der Genuß von Hopfen verschafft ihm das Gefühl, Gesundheit zu trinken, denn Nervenkraft kann er in seiner Situation durchaus brauchen.

In der Zitadelle darf er sich einen Raum aussuchen, der mit einem bescheidenen Komfort ausgestattet wird. Für seine persönliche Betreuung wird ein Husar abkommandiert, der seinem Herrn hervorragende Dienste leistet; er sorgt für angenehme Wärme im Raum, indem er nach und nach fast alle hölzernen Bestandteile der Zitadelle verfeuert, und er pflegt mit großem Aufwand und geringem Effekt die persönliche Ausstattung des Gastes. Außerdem vermerkt Fontane in seinen Erinnerungen, daß er sein Zimmer mit einem weiblichen Wesen ›teilt‹: Blanche, eine »feine Reine, schlanke Kleine« umspielt ihn zärtlich, rollt sich am Fußende seines Bettes zusammen, weigert sich aber standhaft, ihren Verpflichtungen als Mäusejägerin nachzukommen.

Jeden Morgen spaziert Fontane auf dem steinernen Wall zwischen Kaserne und Ozean, die Meeresluft und den Ausblick genießend und den Appetit für das Mittagsmahl anregend. Dieses vollzieht sich jeden Tag nach denselben Regeln.

Um zwölf Uhr präcis klopfte es, und auf mein nach Gutdünken abgegebenes »Entrez« oder »Herein« erschien Madame la Cantinière, eine freundliche, bleichsüchtige Frau, die nach unendlichen Knixen und Begrüßungen und unter einem Schwall von Redensarten, aus denen ich mir nur die Stichworte aussuchte, meine Hauptmahlzeit servirte. Diese führte abwechselnd den Namen Déjeuner oder Diner, ohne daß die wechselnde Bezeichnung den geringsten Einfluß auf die Sache selbst geübt hätte. Ein Tisch existirte nicht; der Schreibtisch war sakrosankt; so blieb denn nur die Kommode, die zum Zeichen ihrer Doppelbestimmung und so zu sagen als »Tischtuch in Permanenz« eine auseinandergefaltete Serviette trug. Einen Wechsel derselben hab ich nicht erlebt. Auf diese Unterlage nun stellte Madame la Cantinière das zusammengeklappte Tellerpaar, das wie eine große Muschel aussah, aber in der Regel einen Kern barg, der, seinem ganzen Gefüge nach, alles andere eher war als eine Molluske. An vier Tagen von fünf war es ein Stück in die Pfanne geworfenes Rinderfleisch, ein Rundstück, mit gedörrten Kartoffeln und Seesalz garniert, an das ich nun coûte qu'il coûte heran mußte. Ich zwang es auch in der Regel, wiewohl ich sagen muß, daß es für das, was man mit fünfzig Jahren von Zähnen noch übrig hat, eine Schule und eine Prüfung war. Die genaue Verteilung von einem Korn Seesalz auf je ein Stück Kartoffel, etwa wie ein Conditor die Törtchen mit Kirsche oder Pistazie belegt, gewährte mir dabei eine kleine Unterhaltung. Ich machte es sorglich und gewissenhaft, das jedesmalige Größenverhältnis wohl abwägend. Dazu trank ich Landwein, der einen unglaublich schönen Namen hatte, aber nach dumpfem Faß schmeckte und dem ich durch Zucker und Wasser aufzuhelfen suchte.

Nachmittags trifft man sich zum Tee, um zu plaudern und über bevorstehende Siege und zu erwartende Befreiungen Informationen oder Gerüchte auszutauschen, wobei häufig das eine für das andere eintreten muß. Auch die Nachricht von Fontanes Freilassung macht schnell die Runde; er verabschiedet sich mit Wehmut und Erleichterung, und nach einer langen und nicht ganz ungefährlichen Bahnfahrt durch Frankreich kann er Anfang Dezember seine Familie erleichtert in die Arme schließen.

Stoff für ein Buch hatte er während seiner Gefangenschaft reichlich gesammelt, allerdings nicht für *das* Buch, um dessentwillen er im Oktober nach Frankreich aufgebrochen war. Zu Ostern 1871 macht er sich erneut auf den Weg, um die Stätten der militärischen Rencontres zu besuchen und Material zu beschaffen für die Darstellung des Deutsch-Französischen Krieges, die er gänzlich anders konzipiert als die Publikation des Großen Generalstabes. Nicht zufällig stößt der Bericht denn auch auf großes Interesse selbst in höchsten Kreisen – von Kaiser Wilhelm I. wird z. B. berichtet, daß er das Werk immer auf seinem Schreibtisch gehabt habe.

Boeuf à la mode

1,5 kg Rindfleisch
(Bug, Schale oder Schwanzstück)
150 g fetter Speck
2 TL geschroteter Pfeffer
2 TL Piment
6 cl Cognac
8 kleine Möhren
20 Schalotten
1 große Zwiebel
1 Kalbsfuß
(gespalten, entbeint)
Speckschwarten
3 Zweige Thymian
1 Bund Petersilie
3 Lorbeerblätter
2 Knoblauchzehen
3 Zitronenscheiben
5 Gewürznelken
Muskatnuß
400 ml trockener Weißwein
500 ml Fleischbrühe oder Kalbsfond
1 EL Weinessig

Zum Spicken des Bratens den Speck in 1 cm lange, dickere Streifen schneiden und diese in einer Mischung von geschrotenem Pfeffer und Piment wälzen. Dann mit einem spitzen Messerchen kleine Einschnitte in das Fleisch machen und die Speckstreifen hineindrücken. Mit Cognac übergießen und eine Stunde stehen lassen. Die kleinen Möhren und Schalotten schälen, aber ganz lassen. Die große Zwiebel mit den Gewürznelken spicken. Den Ofen auf 150 Grad vorheizen.

Einen Bräter oder eine Keramikform mit fest schließendem Deckel mit den Speckschwarten (Fettseite nach unten) auslegen. Den gut gesalzenen und gepfefferten Braten sowie den Kalbsfuß darauflegen, den Cognac dazugießen. Zwiebeln, Möhren, Thymian, Petersilie, Lorbeerblätter, Knoblauchzehen (ganz, mit Schale) und Zitronenscheiben um das Fleisch legen, je eine Prise Muskat und Piment darüberstreuen. Wein, Fleischbrühe und Essig angießen. Den Topf fest verschließen und im Ofen bei geringer Hitze (höchstens 150 Grad) ohne zu öffnen 3–4 Stunden schmoren.

Danach das Fleisch, die Möhren und Zwiebeln herausnehmen und abgedeckt warm stellen. Die Bratflüssigkeit durchseihen, entfetten, etwa auf die Hälfte einkochen und nachwürzen. Diese konzentrierte Sauce über das in kleine Stücke geschnittene Fleisch und das Gemüse gießen und mit Kartoffelpüree servieren.

Von Berlin reist Fontane über Straßburg, das ihm vorerst wenig gefällt, und Epernay, wo entgegen seiner Erwartung die Brunnen nicht mit Mousseux gespeist werden, nach Reims und St. Denis vor Paris. Während der gesamten Unternehmung plagen Fontane vor allem zwei Sorgen: Wo findet er eine Unterkunft (Nordfrankreich ist geradezu überfüllt mit Militärs und Zivilisten) und wo etwas zu essen (auch die Invasoren schätzen die französische Küche). Fast immer aber hat er Glück, fast immer kann er ein gemütliches Zimmer beziehen und fast immer wird ihm ein mehrgängiges Menü vorgesetzt. Dessen Zusammensetzung variiert ebenso wie die teilweise aufregenden Umstände, unter denen es eingenommen wird. Und wenn man liest, wie häufig Theodor Fontane in dem Buch »Aus den Tagen der Okkupation. Eine Osterreise durch Nordfrankreich und Elsaß-Lothringen 1871« über seine Erfahrungen mit französischen Tafelfreuden berichtet, dann wird deutlich, daß er während dieser Reise recht eigentlich zu jenen Genüssen zurückkehrt, die ihm fünfzehn Jahre zuvor einen Aufenthalt in Paris so angenehm gemacht hatten. In einem Brief an seinen Vater schwärmte er damals von der Üppigkeit Pariser Lokale, die groß und komfortabel seien, eine reiche Auswahl an Speisen offerierten, alles vortrefflich, schmackhaft und kräftig zubereiteten und immer den passenden Wein parat hätten. Fontanes Schilderungen seiner gastronomischen Erlebnisse 1871 vermitteln trotz des Kriegszustandes – anders als noch die Wahrnehmungen ein halbes Jahr zuvor – den Eindruck lukullischen Behagens.

Fontane ist sich durchgängig seiner nicht unproblematischen Lage bewußt: Während des Krieges erbittet er Gastfreundschaft vom Gegner – der diese fast immer gewährt. Und so kann Fontane den Lesern seines Berichts ein Bild von Frankreich und seinen Menschen vermitteln, das den in den meisten Medien gebotenen polemischen Darstellungen deutlich widerspricht. Obwohl die Kämpfe noch andauern, begegnet Fontane kaum jemals offener Feindseligkeit. Allerdings, die ›kriegerische Situation‹ birgt auch Gefahren, die ihm und seinen Begleitern zuweilen den Appetit verderben. Bei einer Exkursion nach Le Bourget und auf den Mont Avron, die der Divisionsprediger als rechter Hirte leitet, werden die »Schlachtenbummler« zu einem Dejeuner geladen, das sie nach langer Besichtigungstour stärken soll. Wieder hat sich Fontane sehr genau die Details notiert: »Entrée: Brot und Käse; Pièce de résistance: Rührei; Zwischengericht und Gemüse: Butterblumensalat (Taraxacum); Dessert: Brot und Käse« – wobei mit Taraxacum der gemeine Löwenzahn gemeint ist.

Gewiß, außergewöhnlich ist diese Mahlzeit nicht, aber die Männer sind hungrig und wollen gerade mit »der ganzen Begehrlichkeit eines ungefrühstückten Menschen« zulangen, als der Bedienstete sie in einer heiklen Angelegenheit in den Garten bittet. Unter einer umgestülpten Kiste, unter der man Igel oder Schildkröten vermutet, liegt eine vierundzwanzigpfündige nicht explodierte Granate. Man gibt sich mutig, macht Vorschläge, wie *später* verfahren werden soll und setzt sich zum Mahl; ein rechter Appetit aber will in der Nähe des Blindgängers nicht aufkommen, und so verabschiedet man sich in fast unhöflicher Eile.

Aber nicht nur Granaten werden Fontane gefährlich, seine empfindliche Gesundheit wird sofort in Mitleidenschaft gezogen, wenn ein Gewittersturm Freund und Feind mit einem Wolkenbruch überschüttet, dem man nur durch die Flucht in ein Gasthaus entkommen kann. Dort sitzt man eng gedrängt im Dunste nasser Mäntel – eine Situation also, der mit den kräftigsten Mitteln begegnet werden muß, weshalb nach *»Knickebein«* verlangt wird. Fontane sieht mit Unbehagen, wie Cognac, Anisette und Eigelb auf dem Tisch erscheinen, er fürchtet um Hals und Kehlkopf, aber seine Sorgen erregen Heiterkeit; dem Hals könne nichts passieren, denn dafür sei das Eigelb da – »Eigelb dämpft«. Es schmeckt ihm zwar leidlich, doch der immer um seine Gesundheit Besorgte soll recht behalten: Den kräftigen Schluck bezahlt er mit drei Tagen Halsentzündung.

Dann reist er in den Norden. Zuerst durchquert er die Picardie, besichtigt die Schlachtfelder, macht eine Exkursion in eine Landschaft, deren Ähnlichkeit mit dem Spreewald und dessen Gemüsereichtum unverkennbar ist, bestaunt Amiens sowie die dortige Kathedrale und kommt über Rouen schließlich nach Dieppe. Zwar muß er auch

Die Kathedrale von Amiens

Der Turm der Jeanne d'Arc in Rouen

dort seinen militärischen Studien nachgehen, aber er ist endlich wieder am Meer; sein Hotel – das Hôtel Royal – liegt direkt an der Promenade, und er kann die Salzluft riechen, sich nachts von der Monotonie der Brandung in den Schlaf wiegen lassen und das Gefühl auskosten, daß nur wenige Meilen entfernt sein geliebtes England liegt. In diesem Gefühl wird Fontane bestätigt, wenn er die Qualität des Hotels beurteilen soll; es ist allerersten Ranges und verfügt über englische Sauberkeit und Akkuratesse. »Es war ganz Brighton, Hastings, Dover, aber der ennuyanten, respektabilitätsgeborenen Steifheit entkleidet, die allem Englischen anhaftet.« Im übrigen unterschreibt er gern das Urteil eines Freundes, der von den Engländern zu sagen pflegte, sie seien in drei Dingen groß: in Ventilation, Hotels und Bleistiften.

Das Wichtigste für Fontane ist das Meer, das jene Delikatessen für ihn bereithält, die er besonders schätzt, nämlich Austern. Und da es Zeit für das Dejeuner ist, beginnt er »wie selbstverständlich« mit Austern und Chablis. Er genießt ausgiebig diese »natürlichen Gewächse des Meeres«, die »in jener nicht genug zu bewundernden Gestalt« erscheinen, »die zwischen der großen holsteinischen Auster und den kleinen Whitstables die richtige Mitte hält« – seine Erfahrungen in London und Dänemark haben ihn zum Kenner von dieser Art Schalentier gemacht. So gut hat er seit seiner Reise durch Schleswig-Holstein nicht mehr gefrühstückt, denn – so seine »Frühstücksphilosophie« – »ein echtes Frühstück, man täusche sich darüber nicht, ist rar wie alles Schöne und Große. Es muß im Vordergrunde Stimmung und im Hintergrunde Erinnerungen haben. Hier in Dieppe hatt' ich beides [...].«

An dieser Stelle sei angemerkt, daß die verschiedenen Formen des Frühstücks auch in den Romanen Fontanes gelegentlich bedeutsam sind. Von der Üppigkeit des englischen *breakfast* haben wir bereits gehört, aber ebenso üppig entwickelte sich das »zweite Frühstück« oder das

Der Hafen von Dieppe

Dejeuner, an das Fontane z.B. Dubslav von Stechlin seine Betrachtungen knüpfen läßt. Dieser kennt noch den Begriff »Déjeuner à la fourchette«, als »Gabelfrühstück« vor allem im Süden gebräuchlich, muß sich aber von seinem Sohn belehren lassen, daß inzwischen alles englisch sei, man also eher »Lunch« sagen müsse. Dubslav aber ist weiterhin für das »zweite Frühstück«, denn das »hat etwas ausgesprochen Behagliches und gibt zu verstehen, daß man ein erstes schon hinter sich hat«. Diese Behaglichkeit schätzt auch Fontane, der ein gutes Frühstück schon mal bis zum Abend dauern läßt.

Wenn man Fontane auf seiner Reise durch Frankreich folgt, so kann man noch heute das eine oder andere Hotel wiederfinden, deren jetzige Besitzer zwar nichts von Fontane wissen, immer jedoch mit alten Bildern aufwarten können, die ahnen lassen, wie die Häuser vor mehr als hundert Jahren aussahen, als sie den preußischen Wanderer beherbergten. Und die früheren Besitzer hätten vielleicht die Wertungen Fontanes zu schätzen gewußt, durch die ihnen gewissermaßen der eine oder andere ›Stern‹ verliehen worden wäre. Ganz sicher hätte sich der Besitzer vom Hôtel de France in Ham gefreut, gilt dieses Haus doch Fontane als der beste Gasthof, wenn nicht »der einzige jenseits der Auberge-Linie«. Die Wirtin seinerzeit war vielleicht nicht die beste Köchin, wohl aber eine resolute Patriotin, die Kritik an ihren Kochkünsten mit heftigen Drohungen gegen die preußische Einquartierung beantwortete. Heute wird der Gast in dem mit wildem Wein bewachsenen Haus freundlicher empfangen, und auf der Speisekarte findet er als Spezialität *La Ficelle Picarde*, *Le Colvert de Somme au Vinaigre de Xeres* und andere Angebote der Region.

Ein Höhepunkt von Fontanes Reise ist erwartungsgemäß der Besuch von Sedan und der umliegenden »Champs de bataille«, auf denen sich das Schicksal des zweiten Kaiserreiches entschied. In Sedan bezieht Fontane Quartier im Hôtel l'Europe; es liegt in der Nähe des Bahnhofes an ei-

CHABLIS
CHABLIS

nem größeren, kreisförmigen Platz, und dem Gast bietet sich vom Hotelfenster ein guter Ausblick nach mehreren Seiten. Das Haus – so Fontane – verdient den guten Ruf, den es genießt; dieser gründet sich vor allem auf die »makellose Seele« der Herberge, die Küche; sie repräsentiert »ein reines Feuer«. Heute umbraust der Verkehr das Haus, die Küche bietet immer noch ordentliche Mahlzeiten, und wenn man sie mag und der Koch vorgesorgt hat, können – wie damals von Fontane – Boudins bestellt werden.

Bald nach seiner Ankunft, gegen drei Uhr, geht Fontane in den Speisesaal, dabei hoffend, in der »Interregnumszeit« zwischen Dejeuner und Diner am besten bedient zu werden und die beste Gesellschaft zu finden. Er hat Glück und trifft an einer großen Längstafel auf mehrere Offiziere, deren einer unverkennbar ein Generalleutnant, also eine Exzellenz ist. Der Menschenkenner Fontane hat die Erfahrung gemacht, daß alles Hochgestellte entweder sehr freundlich oder sehr unfreundlich ist, einem indifferenten Mittelkurs begegnet man bei ihnen kaum; die anwesende Exzellenz tendiert glücklicherweise zur freundlichen Seite hin. Der würdige Herr scheint ein guter Frühstücker zu sein, »etwas großäugig, etwas kongestionssüchtig, vor allem von heiterem, humoristischem Gepräge. Ride si sapis. Keiner von den Steifen, die sich beständig die Frage nach der Paßlichkeit vorlegen. Was eine humoristische Exzellenz tut, paßt immer.« Die Freundlichkeit des Offiziers leitet die Diskussion von Menüfragen zu einem Gespräch über, in dem man sich während des Verzehrs der einzelnen Gänge näherkommt; vor allem der dritte Gang sorgt dafür, denn:

Es wurden, etwa in Form sogenannter Croquets und auch wirklich an Stelle derselben, gebackene Boudins oder, in minder eleganter Ausdrucksweise, »geröstete Blutwurststücke« präsentirt, die etwa aussahen wie rote Rüben, die drei Tage lang auf dem Felde gelegen haben und schwarz geworden sind. Ich dankte natürlich. Da rief die an der Gourmandgrenze wandelnde Exzellenz freundlich zu mir herüber: »Davon nehmen Sie nur; das ist das Beste.« […] Er hatte Recht; es war delikat. So geriethen wir in feine kulinarische Fragen hinein, innerhalb deren ich mich mit Hülfe früher aufgepickter Küchenweisheits-Brosamen mit leidlicher Sicherheit bewegte.

Von Sedan aus besucht Fontane die historischen Stätten der Umgebung und kommt dabei auch nach Bazeilles, einen kleinen, stark zerstörten Ort, in dem nur ein Gasthaus wieder aufgebaut wurde – sinnigerweise mit dem Namen Aux Ruines de Bazeilles – und in dessen Schloßpark ein Château zu bewundern ist. Das Gasthaus gibt es zwar heute nicht mehr, doch der Reisende findet in der zum Schloß gehörigen Orangerie ein exzellentes Restaurant, das aparte Spezialitäten der Champagne in Küche und Keller bereithält.

Die nächste Station auf Fontanes Reise ist Metz, und in der Rue de Clercs, heute eine belebte Geschäftsstraße, findet er Unterkunft im Grand Hôtel de Metz, das auf ihn den besten Eindruck macht. Am nächsten Morgen geht er zuerst in Richtung Kathedralenplatz, um dem imposanten Gotteshaus einen Besuch abzustatten; anschließend lenkt er seine Schritte in die entgegengesetzte Richtung zur Place royale. Wie beide Plätze unterschiedliche historische Entwicklungen der Stadt repräsentieren, so stehen die Cafés auf ihnen für unterschiedliche Gästegruppen. Das Café de la Cathédrale war der »Sammelplatz« des bürgerlichen Metz, das Café Heaume beherbergte das militärische; und die Oktobertage 1870 schufen noch einen weiteren Gegensatz: Das Café an der Kathedrale blieb französisch, das andere wurde deutsch. Zwar sind die Zeiten kriegerisch, doch Fontane beobachtet genau und registriert auch hier Idyllisches, das den Ernst der Situation für Augenblicke vergessen läßt.

Theodor Fontane ist als Chronist preußischer Historie unterwegs, doch selbst bei der Beschreibung schrecklichster Ereignisse wahrt er die anteilnehmende Distanz des immer kritischen, aber nie feindlichen Betrachters. Seine ironischen Feststellungen, die er dem Verhalten von Franzosen und Deutschen gleichermaßen widmet, relativieren für den zeitgenössischen Leser das Freund-Feind-Schema und lassen keine Arroganz des Siegers aufkommen. Im Gegenteil! Wenn Fontane von denen berichtet, die in den neuen Provinzen des Reiches staatliche Autorität herstellen sollen, so nimmt er als Beispiel die Gaststube im Hotel zu Bitsch, in dem Deutsche und Franzosen in zwei Räumen an zwei Tafeln sitzen und speisen. Der »Stammes-Antagonismus«

Der Festungshügel von Montmédy,
eine der Reisestationen Fontanes

zwischen Märkern, Bayern, Rheinländern und Pfälzern ist teilweise größer als der zwischen den sogenannten Erbfeinden, und nur bei einem guten Essen kommt man sich ein wenig näher.

Es waren […] hierher Verschlagene aus allen deutschen Ländern, die als Post- und Polizeibeamte, als Forst- und Telegraphenbeflissene ihres wenig erfreulichen Dienstes an dieser Stelle warteten. Die Opulenz der Tafel konnte über alles andere, was fehlte, schwerlich hinweghelfen. Nichtsdestoweniger mag es mir, als Beitrag zur Länder- und Völkerkunde, gestattet sein, hier aufzuzählen, wie wir in Bitsch zu Nacht speisten. Es gab: Suppe, Fleisch und Sauce, Spargel, Hammelrücken, Kalbsmilch, Kapaun und Salat, Quarkkuchen, Butter und Käse, Biscuits. Also schlecht gerechnet s i e b e n Gänge. Dabei muß man gegenwärtig haben, daß Bitsch ein Ort ist, der noch lange nicht auf der Höhe von Bernau steht … Und … ich habe auch in Bernau zu Nacht gegessen!

Vorlage von Adolph von Menzel für eine Fischschüssel

Boudins

4 Boudins noirs
(französische Blutwürste)
2 säuerliche Äpfel
2 EL Butter

Die Boudins noirs mit einer Nadel einstechen. Die Äpfel schälen und in Scheiben schneiden. In einer Pfanne die Butter zerlaufen lassen und darin zuerst die Würste, dann die Äpfel sautieren, zuletzt beides zusammen in der Pfanne mischen. In einer flachen, vorgewärmten Steingutform anrichten und mit sahnigem Kartoffelpüree servieren.

Gigot d'agneau

1 zarte Lammkeule
(etwa 1,5 kg)
15–20 kleine Knoblauchzehen
1 Bund frische Salbeiblätter
3 Zwiebeln
Salz
Pfeffer
3 EL Butter
1/2 Glas Lammfond

Die Lammkeule kräftig mit Salz und frisch gemahlenem Pfeffer einreiben. Mit den kleinen Knoblauchzehen, von denen jede in ein halbes Salbeiblatt gewickelt wurde, spicken, größere Zehen halbieren. In einem Bräter die Hälfte der Butter zerlaufen lassen, die in Scheiben geschnittenen Zwiebeln dazugeben, die Lammkeule darauflegen und mit der restlichen, geschmolzenen Butter bestreichen. Den Lammfond angießen. Im vorgeheizten Ofen bei 170 Grad 1 1/2–2 Stunden garen, dabei regelmäßig begießen.

Den fertigen Braten etwas ruhen lassen, dann aufschneiden. Dazu passen kleine neue Kartoffeln, die in Butter und Öl mit einem Zweig frischen Rosmarins gebraten wurden, sowie weiße Bohnen.

Kapaun mit Salaten

1 Kapaun
(junger Masthahn von ca. 1,5 kg)
4 EL Butter
1 TL feingehackter Knoblauch
1 TL getrockneter
(oder 2 TL frischer)
Thymian
4 Scheiben Speck
Salz, Pfeffer

Die weiche Butter schaumig rühren, mit Knoblauch, Thymian, Salz und Pfeffer vermischen.
Den gewaschenen und gut abgetrockneten Kapaun innen und außen mit der gewürzten Butter bestreichen und zubinden. Mit Speck bedecken und im vorgeheizten Ofen in einer glasierten Form mit Deckel bei mittlerer Hitze (ca. 180 Grad) 60–90 Minuten braten. Regelmäßig mit dem austretenden Saft begießen. In den letzten 20 Minuten den Speck und den Deckel wegnehmen, damit die Brustseite bräunen kann. Den Kapaun aus dem Ofen holen, etwas ruhen lassen, zerlegen, auf einer warmen Platte anrichten.

Dazu Baguette und frische Salate (Blattsalat, Tomatensalat) reichen.

Kalbsmilch

700 g Kalbsbries
3 EL Butter
weißer Pfeffer aus der Mühle
3 EL trockener Wermut
(Noilly Prat)
3 EL Madeira
3 EL Cognac
500 ml Sahne
1 TL geriebene Muskatnuß
1 EL Kartoffelmehl
Salz
Pfeffer
Zucker

Die Brieschen etwa 3 Stunden wässern, dann in kaltem Wasser mit einem Schuß Essig aufsetzen und zum Kochen bringen. 3–4 Minuten blanchieren, dann kalt abbrausen, von der Haut befreien und abkühlen lassen.

In einer Kasserolle die Butter zum Schmelzen bringen, die in Scheiben geschnittenen und gewürzten Brieschen auf beiden Seiten goldbraun braten, warmstellen. Nun den Bratensatz mit Wermut, Madeira und Cognac ablöschen. Sahne und Muskat unterrühren und etwa 10 Minuten einkochen lassen. Dann das mit wenig Wasser angerührte Kartoffelmehl mit dem Schneebesen unterschlagen und dabei solange erhitzen, bis die Sauce gebunden ist. Mit wenig Salz, Pfeffer und Zucker abschmecken.

Das Bries in der Sauce anrichten. Dazu passen Reis und feines Gemüse der Saison.

Vorlage von Adolph von Menzel für eine Bratenschüssel mit St. Hubertus für Wildbret

TERRINE DE FOIE GRAS

1 frische Gänsestopfleber
(ca. 600 g)
125 g Gänseschmalz
250 ml Sauternes
1 Glas Cognac
8 g Salz
weißer Pfeffer
etwas Zucker
2 Prisen Pariser Gewürz
(Quatre-épices):
fertige Mischung
aus Gewürznelken,
Zimt,
Muskatnuß
und weißem Pfeffer

Die Gänsestopfleber sorgfältig säubern und parieren. Die dabei entstandenen Stücke mit Zucker, Alkohol und Gewürzen 24 Stunden abgedeckt im Kühlschrank marinieren.

Dann die Masse in eine längliche Pastetenform aus Porzellan (oder lasiertem Steingut) mit Deckel füllen, fest mit dem Rücken eines Eßlöffels zusammendrücken, damit keine Hohlräume bleiben und eine kompakte Masse entsteht. Mit einer Schicht Gänseschmalz bedecken und die Form dicht verschließen. Im vorgeheizten Backofen (ca. 100 Grad) im Wasserbad bei 60–70 Grad etwa 30 Minuten garen lassen (Wassertemperatur mit Thermometer kontrollieren, denn bei über 75 Grad löst sich die Gänseleber in Fett auf). Die Form vorsichtig herausnehmen und in kaltem Wasser abkühlen. Drei Tage im Kühlschrank ruhen lassen. Dann die Pastete in Scheiben aufschneiden, mit Granatapfelkernen bestreut zu Brioche oder lauwarmem Toast servieren. Dazu ein Glas Sauternes.

In anderen Gegenden Frankreichs wird die Foie Gras mit Cognac und Kirsch (Lothringen) oder Portwein und Armagnac mariniert.

KNICKEBEIN

1/3 Anisette
1 Eigelb
1/3 Cognac

In ein schmales hohes Glas die drei Zutaten in der angegebenen Reihenfolge vorsichtig einfüllen – das Eigelb muß ganz bleiben, die Flüssigkeiten dürfen nicht ineinander laufen (also nicht rühren!).

Knickebein gibt es in vielen Varianten. Eine wäre etwa Maraschino statt Anisette und Rum statt Cognac.

KÄSE MIT NÜSSEN

Auf einem Holzteller Stücke von Roquefort, ganze Walnüsse und Walnußhälften, Birnen- und Apfelviertel (mit Schale) anrichten. Dazu Baguette und französischer Landwein.

»Die Verpflegungslage ist für den Kulturmenschen eigentlich das Wichtigste«

Wilhelm Brücke:
Die neue Wache und das Zeughaus,
Gemälde von 1842

Bürgerliche Tafelfreuden: Abendessen bei Professor Willibald Schmidt

Nach seinen Reisen, seinen Wanderungen und nach den ›kriegerischen‹ Abenteuern beginnt für Theodor Fontane die Zeit, da er sich in Berlin endgültig etabliert, er gewissermaßen seßhaft wird. Fontane selbst nennt die Jahre, die nun folgen, »Kritische Jahre – Kritikerjahre« und bezeichnet mit diesen Worten sein Lebensgefühl und seine Tätigkeit gleichermaßen. Er übernimmt die Theaterkritik bei der ›Vossischen Zeitung‹ und findet nach häufigen Wohnungswechseln in den zwanzig Jahren zuvor endlich eine Heimstatt, die er nicht mehr verlassen wird: »Potsdamer Straße 134c« lautet seine Anschrift bis zu seinem Tode. So wie in Fontanes Romanen den Lesern durch die Nennung von Straßen und Lokalitäten nicht nur das Auffinden auf dem Stadtplan ermöglicht wird, sondern der Kundige zugleich genaue Hinweise auf die soziale Lebenswelt der Personen erhält, so weiß der Berliner genau, wie er die Wohnlage Fontanes einzuschätzen hat. In seinem Erinnerungsbuch »Berlin wie es war« beschreibt I. Kastan die Potsdamer Straße zur Zeit des Einzuges von Fontane und seiner Familie. Vom Beginn der Straße bis zum Landwehrkanal herrschte eine »wahrhaft ländliche Stille«, und alle, die fern vom Stadtgewühl leben wollten, wählten ihren Wohnsitz in der vom Verkehr abgelegenen Straße. »In den wenig einladenden Häusern lebten ausschließlich geruhsame Menschen.« Vor allem Vertreter der Gelehrtenwelt und der höheren Beamtenschaft hatten sich hierhin zurückgezogen, um ungestört leben und arbeiten zu können.

In dem Mehrfamilienhaus bezieht Fontane mit Frau und Kindern mehrere Zimmer unter dem Dach; die Wohnung liegt nahe dem Tiergarten, den Fontane auf seinen täglichen Spaziergängen durchstreifen wird, eine hochgewachsene Gestalt mit buschigem Schnurrbart, meist in einen langen Wollschal gehüllt, der den für Erkältungen Anfälligen schützen soll. In dieser recht kleinen Wohnung werden seine berühmten Romane entstehen, hier versammelt er seine Freunde um sich, von hier beobachtet er skeptisch die Entwicklung Berlins zur Weltstadt, das Nebeneinander von großem Leben und kleinen Existenzen, das auch ein Thema seiner Bücher sein wird.

Die Formulierung »Berlin wird Weltstadt« will Fontane nicht nur als objektive Feststellung verstanden wissen, sondern sie meint auch ein ironisch zu relativierendes Faktum. Die Jahre nach der Reichsgründung machten Berlin nicht nur zum politischen, sondern auch zum wirtschaftlichen Zentrum des Deutschen Reiches. In diesem Berlin richtete sich Fontane ein und konnte endlich für sich die lang gewünschte Sicherheit gewinnen – auch wenn die häufigen Klagen seiner Frau anderes nahe zu legen scheinen. Emilie hätte sich sehr die Geborgenheit einer Beamtenposition für ihren Mann gewünscht, und man kann sich die ehelichen Auseinandersetzungen unschwer vorstellen, als Fontane – kaum daß er sie erhalten hatte – eine Stellung als Sekretär der Akademie wieder aufgab. Danach blieb er der freie Schriftsteller, der an seinem Schreibtisch regelmäßig Kritiken, Essays, Feuilletons und vor allem seine Novellen und Romane verfaßte. In zahlreichen Briefen bemühte sich Fontane, seine Frau davon zu überzeugen, daß auch ein Berufsschriftsteller, dessen ganze Existenz sich auf Gesundheit, Sitzfleisch und Einfälle gründet, den Wohlstand eines höheren Beamten erreichen kann. Und Theodor Fontane gehörte durchaus zu den gut verdienenden Autoren, auch wenn er zu seinem großen Leidwesen nie die riesigen Auflagen damaliger Erfolgsautoren wie Julius Wolff oder Georg Ebers erreichte.

Potsdamer Straße 134c$^{\text{III.}}$ – das ist ein gutbürgerlicher Haushalt, dessen nicht geringe Ansprüche sich nach den regelmäßig eingehenden Schriftsteller-Honoraren zu richten haben. Emilie Fontane sorgt dafür, daß man nicht über die Verhältnisse lebt, daß die Wünsche der Kinder möglichst erfüllt werden, ohne daß Soll und Haben der häuslichen Buchführung außer Balance geraten. Man hat ein Dienstmädchen, das nach Anweisungen der Hausfrau einkaufen

Theodor Fontane
in seinem Arbeitszimmer in der Potsdamer Straße.
Atelier Zander & Labisch, 1896

und kochen muß; zwar erfüllt es die Arbeit nicht immer zur Zufriedenheit seiner Herrin, doch Klagen über widerspenstige oder unzuverlässige Dienstboten sind auch im 19. Jahrhundert ein Standardthema bei Kaffeekränzchen oder Abendeinladungen.

Fontane beschwichtigt gewöhnlich seine lamentierende Frau; die Probleme der Haushaltsführung sind nicht die seinen, und sie betreffen ihn nur dann, wenn er durch Unruhe und Ärger in seiner Arbeit beeinträchtigt wird oder unter der Laune seiner Frau zu leiden hat. Diese, von ähnlich nervöser Konstitution wie der Dichter, ist durch die Anforderungen von Haushaltsführung, Kindererziehung, Gesellschaftsleben, Verwandtenbesuche und Schreibarbeiten für ihren Mann vielfach überlastet – wie Fontane selbst zuweilen einräumen muß.

Solche Zugeständnisse fallen dem Ehemann allerdings nicht immer leicht, denn es gelingt Fontane oftmals sehr viel besser, das fehlende Verständnis Emilies für seine eigenen Probleme zu bedauern, als das nötige Gespür für die Sorgen seiner Frau aufzubringen. In Briefen aus England tröstete er seinerzeit zwar die werdende Mutter, die gerade eine schwere Zeit durchmachte, klagte aber zugleich heftig über eigene, hypochondrisch verstärkte Beschwerden.

Auch ist es bezeichnend, daß Fontane weitreichende berufliche Entscheidungen, die vor allem für die materielle Existenz der Familie von Bedeutung waren, mehrfach in Abwesenheit seiner Frau traf – und sich anschließend darüber beschwerte, daß die vor vollendete Tatsachen Gestellte nicht voller Begeisterung seine Partei ergriff. Emilie war eine in vieler Hinsicht selbständige und kritische Frau, die ihrem Mann als eine fürsorgliche, liebevolle, aber auch zuweilen unbequeme Partnerin gegenübertrat. Überdies fand Fontane in ihr die geistreiche Vertraute, die in Briefen wie in Gesprächen ihre Worte zu setzen wußte. Eine glückliche Fügung wollte es, daß die Tochter Martha, von allen zärtlich Mete genannt, das Plaudertalent des Vaters mit der Fürsorgebereitschaft der Mutter verband und für Fontane bereits im jugendlichen Alter zu einer Beraterin in Lebensfragen und Eheproblemen werden sollte. Mete war für ihren Vater das besonders geliebte Kind, das ihm und Emilie

*In der Vierzimmerwohnung
Potsdamer Straße 134c
lebte Familie Fontane 26 Jahre.*

allerdings auch viele Sorgen bereitete: Von den Eltern hatte sie die nervöse Konstitution geerbt, die sie daran hinderte, einen ihren Fähigkeiten entsprechenden Platz im Leben einzunehmen. Die Mutter erhoffte für sie einen standesgemäßen Ehemann, der Vater einen geistig ebenbürtigen Gefährten – die kurz vor dem Tod des Vaters eingegangene Verbindung mit einem sehr viel älteren Mann konnte nicht die uneingeschränkte Zustimmung der Eltern finden.

Die Sorgen Emilies aber richteten sich vor allem auf ihren Mann Theodor; sie hatte es nicht immer leicht mit dem Dichter, von dessen Gesundheit und Arbeitskraft das Wohlergehen der gesamten Familie abhing. Da mochte es wohl dem Ehefrieden gelegentlich zuträglicher gewesen sein, wenn Emilie Freundinnen und Verwandte besuchte, um Abstand zu gewinnen von häuslichen Schwierigkeiten und sich verwöhnen zu lassen in einer komfortablen Gastlichkeit. Die Briefe, die die Eheleute in solchen Zeiten wechselten, zeigen aber durchaus, daß man einander noch im hohen Alter mit Zuneigung und liebevoller Wärme begegnete und daß man sich auf ein Wiedersehen freut.

Wenn Fontane allein zu Hause ist, fehlt es ihm an nichts, und er schreibt seiner Frau von den Kochkünsten der Dienstmädchen, sei es Mathilde oder Luise, die ihm seine Leibgerichte zubereiten: Teltower Rübchen, Birnen und Klöße, gelbe Rüben, Hammelkoteletts von unübertrefflicher Zartheit und ähnliches. In vielen seiner Romane porträtiert er die guten Geister des Hauses – sei es die Frau Schmolke bei Professor Willibald Schmidt, dem früheren Verehrer von Frau Jenny Treibel, oder die unermüdlich arbeitende Friederike, die bei der verarmten Adelsfamilie Poggenpuhl trotz bescheidener Lebensumstände aushält.

Familie Fontane ist sicher nicht auf Rosen gebettet, doch ihre wirtschaftliche Situation bessert sich von Jahr zu Jahr: Die Kinder erhalten eine gute Erziehung, größere und kleinere Gesellschaften werden gegeben, und in der Saison reist man in die Sommerfrische. Emilie Fontane führt mit schwungvoller Handschrift und großer Akkuratesse die Wirtschaftsbücher, die sehr genau Auskunft geben über die Einnahmen und Ausgaben des Schriftstellers. Erstere bildeten vor allem die regelmäßigen Honorarzahlungen von Fa-

Emilie Fontane
in einer Aufnahme aus den 80er Jahren

Fontane und seine Tochter Mete
in Arnsdorf, 1886

milienzeitschriften wie etwa der ›Gartenlaube‹, in denen die Romane im Vorabdruck erschienen, und die Zahlungen der Verleger – anfangs war dies vor allem Wilhelm Hertz, später Fontanes Sohn Friedrich, der den Verlag Fontane & Co gegründet hatte.

In den Haushaltsbüchern von Frau Emilie finden sich Aufzeichnungen über alle den Haushalt und seine Mitglieder betreffenden Ausgaben. So erfährt man von der Änderung eines Wintermantels und von der Höhe des Taschengeldes für die Tochter Mete (ähnlich hoch wie der Lohn für das Dienstmädchen), von »Cigarren« und »Closetpapier«, von Petroleum und Briefmarken, von den Kosten für »Lokomotion« (also Droschken und Bahn) und für Trinkgelder. Unter der Rubrik »Wirthschaft« findet man die Auflistungen der täglichen Einkäufe für die Mahlzeiten. Manche Lebensmittel wie Milch, Butter, Eier, Brot und Schinken werden jeden Tag eingekauft, manches findet sich gleich mehrmals im Monat wie das feste Kontingent Rotwein – immer 12 Flaschen, mindestens 36 im Monat – und Weißwein, letzterer vornehmlich im Sommer; ferner die gewohnte Ration Sherry für das anglophile Familienoberhaupt sowie Bier und Sodawasser.

Im Winter sind die Kosten für Medizin vermerkt, die wohl für den wieder einmal erkälteten Hausherrn in der Apotheke erstanden werden mußte, und das nicht geringe Honorar für den Hausarzt. Auf einen ausgewogenen Spei-

Das Weinhaus des Hoflieferanten F. W. Borchardt.
Auch Emilie Fontane bestellte dort bei festlichen Anlässen.

sezettel wird geachtet; zumeist wird Fleisch auf den Tisch gebracht, aber es gibt auch Fisch – von Butt bis Sprotten – und Gemüse. Falls das Essen zu mächtig war, stehen Cognac und Gilka, ein Berliner Kümmelschnaps, bereit, um den Magen zu beruhigen. In festlichen Zeiten wie Weihnachten oder Geburtstag werden auch Kaviar und Hummer serviert. Im Sommer legt man Vorräte für den Winter an und macht Kirschen und Johannisbeeren ein; auch Kuchen wird gebacken.

Die tägliche Mahlzeitenfolge bei Fontanes sah gegen neun Uhr am Morgen ein einfaches Frühstück vor, das kaum noch Erinnerungen an England in sich trug; dann zog Fontane sich zum intensiven Arbeiten an seinen Schreibtisch zurück, um gegen drei einen leichten Lunch einzunehmen; am späteren Abend gab es dann einen Imbiß, der zumeist aus Schinkenbrot und Tee bestand – ein Abendessen übrigens, das auch Mathilde Möhring, die Heldin seiner letzten Erzählung, ihrem Untermieter abends zu servieren pflegt.

Emiliens Speiseplan, der nicht nur aus den Haushaltsbüchern zu erschließen ist, sondern sogar in einigen ausformulierten Texten überliefert wurde, ist nach »fleischlichen« Kategorien spezifiziert: sie unterscheidet zwischen der »Hammel- und Schweinefleisch-Sphäre« und der »Rindfleisch-Sphäre«, in denen Hammelcoteletts, Schweinecarbonaden und gekochtes Rindfleisch eine besondere

Zum 70. Geburtstag (30. Dezember 1889) wurde Fontane am 4. Januar 1890 eine große Feier ausgerichtet. Die Menükarte entwarf Fontanes Freund August von Heyden.

Rolle spielen. Seltener gibt es Spanische Zwiebeln mit Hammelrippen oder Wildgerichte. Die Zubereitung von Rindfleisch variiert nur hinsichtlich der Saucen, die mal mit »Meerettig«, mal mit Kapern, Senf oder Kümmel hergestellt werden.

Zuweilen aber wird reichhaltiger aufgetischt, und voller Genugtuung berichtet Fontane seiner Frau von köstlichen Menüs, die das Entzücken der Familie hervorriefen. Zusammen mit den Kindern genießt er ein umfangreiches, wenn auch einfaches Mahl, dessen einzelne Gänge er aufzählt: »Bouillon mit Nudeln; Huhn au naturel; Blumenkohl à hollandaise; Klöße mit holländischer Sauce; Arme Ritter; Glacierte Äpfel; Preißelbeeren; Ungarische Weintrauben.« Dazu gibt es Bordeaux aus Spitzgläsern. Alle sind zufrieden, die Kinder überlegen, ob sie schon mal *so* gut gegessen haben, und für den Vater ist es am wichtigsten, daß alle satt sind.

Wenn aber Gäste in das Haus Fontane kommen, wird der Aufwand größer, das Angebot geradezu verschwenderisch. Am 5. Mai 1870 hat Fontane seine besten Freunde zu einer größeren Gesellschaft geladen, und in einem Brief an seine verreiste Frau beschreibt er das Menü, bei dessen Zubereitung sich die Köchin Luise auf der Höhe ihres Ruhmes zeigte; der besseren Übersichtlichkeit halber und vielleicht auch, um die Fülle richtig wirken zu lassen, numeriert Fontane die einzelnen Gänge: »1. Brühsuppe, mit verlorenen Eiern. 2. Fricassée von Huhn mit Krebsen und allen möglichen Finessen. 3. Morcheln, Spargel, Carrotten (zusammen) dazu Hammelcotelettes. 4. Plumpudding, brennend hereingetragen. 5. Kalbsbraten und Compots. 6. Schillingsche Reistorte. 7. Kaffe. Dazu rothen und weißen Wein, Chateau d'Yqem und Ruster Ausbruch [i.e. Süßwein].« Leider läßt Fontane unerwähnt, mit welchen Digestifs man der Fülle Herr wurde, aber wenn man in seinen Romanen nachschaut, dürften – wie beispielsweise in »Stine« – Pomeranzen, Anisette oder Benedictine serviert worden sein. Möglicherweise hat Fontane aber auch auf sein probates »Hausmittel« Cognac oder auf den zumeist vorrätigen Gilka zurückgegriffen – wobei letzterer allerdings weniger zu den Weinen gepaßt hätte.

Im Dezember 1889 feiert Theodor Fontane seinen 70. Geburtstag, und mit ihm feiert das literarische, das offizielle Berlin, feiern Freunde, Verwandte und Kollegen. Der Minister für Kulturelles hält eine von der Öffentlichkeit sehr beachtete Festansprache, Gratulanten übermitteln freundliche Worte und Geschenke, Toasts werden ausgebracht und einige Balladen des Gefeierten vorgetragen. In den folgenden Tagen sind die Zeitungen voll mit Berichten über den Festakt, und sogar die Londoner ›Times‹ widmet dem Jubilar in der Rubrik »Germany« einige Zeilen. Für das festliche Menü hat ein Freund, August von Heyden, die Tischkarte entworfen, die auf dem Titelblatt einige gezeichnete Anspielungen auf das Geburtstagskind enthält (so eine Karikatur des Wanderers und eine Skizze des Geburtshauses von Jeanne d'Arc) und auf der zweiten Seite die Menüfolge aufführt. Fontane und seine Gäste bekamen an dem langen Abend ein vielgängiges Galadiner serviert, bei dem die Anzahl an Desserts auffällt:

Lachsforelle
Nussstück vom Rind mit Gemüsen
Reh
Fasan
Salate und Compots
Gefrorene Mandarinen mit Eis-Baisers
Mikado-Eis
Wiener Bombe
Käse-Brödchen

Als Weine wurden ein 84er Margaux und ein 75er Latour gereicht sowie Hochheimer und Rüdesheimer; auch Sekt und Champagner fehlten nicht. Fontane bedankt sich bei allen, die ihn an dem Festtage durch Aufmerksamkeiten ehrten – mehr als 200 Briefe muß er schreiben –, doch eigentlich ist ihm die »Empfindung eines ernsthaft Gefeierten« fremd geblieben. Der 70. Geburtstag wird aber auch im häuslichen Kreis gefeiert, und man läßt sich vom Hoflieferanten Borchardt verwöhnen.

Wie über die meisten Dinge des Lebens philosophierte Fontane auch über das Essen gern in aphoristischer Form, dabei disparate Aspekte ironisch miteinander vereinend. An seine Tochter schreibt er 1894: »[...] freue Dich der Rosen und der Hammelcoteletts; diese sind noch wichtiger als jene. Die Verpflegungsfrage ist für den Kulturmenschen eigentlich das Wichtigste; die Gesundheit hängt daran und fast auch die Moral. Die Engländer schieben alles auf Seife, aber Pears Soap ist doch nicht *so* wichtig.«

Das Wilhelminische Berlin kümmerte sich in diesem Sinne sehr um seine Bürger; während vor 1870 die Versorgung der Berliner durch die zahlreichen Bauernmärkte gesichert war, auf denen die Produzenten direkt ihre Erzeugnisse anboten, gab es nun Markthallen in nahezu allen Stadtteilen, in denen die Hausfrau oder die Köchin einkaufen konnten. Die Verbesserung der Verkehrsverbindungen sorgte dafür, daß fast immer alles frisch zu haben war. Außerdem konnte man dank der technischen Möglichkeiten viele Nahrungsmittel wie Gemüse und Fleisch in Konserven kaufen. Das ›Berliner Tageblatt‹ berichtet 1898 ausführlich über das riesige Angebot an Nahrungsmitteln, aus dem der Berliner inzwischen auswählen kann. Besonders rühmt das Blatt die Tatsache, daß täglich frische Seefische in »Eiskühlwagen« von der Nordsee ins Binnenland und in die Reichshauptstadt geliefert werden – Steinbutt und See-

Blick in die Straße
Am Königsgraben
- eine bürgerliche Wohngegend Berlins

Die Brüderstraße mit der Petrikirche.
So könnte das Wohnviertel Professor Schmidts
aus »Jenny Treibel« ausgesehen haben.

zunge für die »wohlhabende Hausfrau«, Schellfisch und Kabeljau für die »Frau des Arbeiters«. Auf Emilie Fontanes Speisezettel erscheinen häufiger Butt und »Häring« sowie Räucherfisch in Gestalt von Sprotten; Konserven dagegen finden sich nicht in ihren Aufzeichnungen.

Vielleicht wirft man einen kurzen Blick auch in die Fontanesche Küche, wenn man den jungen Leo von Poggenpuhl, Sohn einer verarmten Adelsfamilie, dabei begleitet, wie er von der Mutter in die kleine Küche geschickt wird und dort auf das Dienstmädchen Friederike trifft.

Soviel sich bei dem herrschenden Halbdunkel erkennen ließ, war in der Küche rundum alles in guter Ordnung und Sauberkeit, wenn auch nicht gerade blitzblank; blitzblank war nur der in seinem Kochloch stehende Teekessel, dessen Tüllendeckel beständig klapperte. Denn immer kochendes Wasser zur Verfügung zu haben, war ein eigentümlicher, zugleich klug erwogener Luxus der Poggenpuhlschen Familie, die sich dadurch instand gesetzt sah, jederzeit eine bescheidene Gastlichkeit üben zu können. [...]

»Ja, Friederike«, sagte jetzt Leo, als er, einen Küchenstuhl heranrückend, sich über die Lehne desselben beugte, »Mama schickt mich zu dir und hat sogar von Abendbrot gesprochen. Wie steht es eigentlich damit? Ich habe Hunger und danke Gott für alles. Und dir auch.«

»Ja, junger Herr, viel is es nich.«

»Na, was denn?«

»Nun, eine Boulette von gestern mittag und ein paar eingelegte Heringe mit Dill und Gurkenscheiben. Und dann noch ein Edamer. Aber von dem Edamer is bloß noch sehr wenig. Und dann kann ich Ihnen vielleicht noch einen Tee aufgießen. Das Wasser bullert ja noch.«

»Nein, Friederike, Tee nicht. Was soll man damit? Aber das andre ist gut, und ich werde gleich hier bleiben, gleich hier in der Küche.«

Die Küche ist der Mittelpunkt einer Wohnung, der Mittelpunkt im Familienleben, ja zuweilen sogar der Mittelpunkt des gesamten Daseins wie bei der alten Frau Nimptsch in »Irrungen, Wirrungen«, die die Wärme ihres Lebens aus der Nähe zum Herdfeuer gewinnt. Und wenn Corinna Schmidt, die Tochter des Jenny-Treibel-Verehrers Willibald, Liebes- und anderen Kummer hat, dann besucht sie ihre gute Schmolke in der Küche, um sich an diesem gemütlichen Ort trösten zu lassen.

Überhaupt ist das Haus Schmidt – ein etwas prätentiöser Begriff für den Haushalt eines Gymnasialprofessors – dem ›Hause Fontane‹ in mancherlei Hinsicht verwandt, ja man sieht zuweilen sogar den Bildungsbürger Willibald Schmidt als das ›alter ego‹ Fontanes, der genau wie dieser eine intelligente, emanzipierte Tochter hat. Und mit besonderem Vergnügen charakterisiert Fontane den Lehrer durch dessen Essensgewohnheiten, die der resoluten Schmolke recht skurril und für einen gebildeten Herren merkwürdig vorkommen. Wer weiß, vielleicht erfährt der Leser, wenn er dem Küchengespräch folgt, etwas von den Gewohnheiten bei Fontanes in der Küche.

Corinna Schmidt und Frau Rosalie Schmolke, Witwe eines Beamten der Sittenpolizei, sitzen in dem sonnigen Raum und bereiten das Mittagessen vor. Die Haushälterin halbiert Kochbirnen, deren Hälften nicht ganz gleich sind, weil die eine noch den Stengel behalten mußte – und daraus ergibt sich für die Schmolke ein großes Problem.

»Sieh, Corinna«, sagte die Schmolke, »dieser hier, dieser lange, das ist so recht ein Stengel nach dem Herzen deines Vaters ...«

Corinna nickte.

»... Den kann er anfassen wie ne Makkaroni und hochhalten und alles von unten her aufessen. ... Es ist doch ein merkwürdiger Mann ...«

»Ja, das ist er!«

»Ein merkwürdiger Mann und voller Schrullen, und man muß ihn erst ausstudieren. Aber das Merkwürdigste, das ist doch das mit den langen Stengeln, un daß wir sie, wenn es Semmelpudding un Birnen gibt, nicht schälen dürfen, un daß der ganze Kriepsch mit Kerne und alles drin bleiben muß. Er is doch ein Professor un ein sehr kluger Mann, aber das muß ich dir sagen, Corinna, wenn ich meinem guten Schmolke, der doch nur ein einfacher Mann war, mit so lange Stengel un ungeschält un den ganzen Kriepsch drin gekommen wär', ja, da hätt' es was gegeben. Denn so gut er war, wenn er dachte, ›sie denkt woll, das is gut genug‹, dann wurd' er falsch un machte sein Dienstgesicht un sah aus, als ob er mich arretieren wollte ...«

Die Weinstube im Restaurant Borchardt, ein beliebter Treffpunkt für abendliche »Herrenessen«

»Ja, liebe Schmolke«, sagte Corinna, »das ist eben einfach die alte Geschichte vom Geschmack und daß sich über Geschmäcker nicht streiten läßt. Und dann ist es auch wohl die Gewohnheit und vielleicht auch von Gesundheits wegen.«

»Von Gesundheits wegen«, lachte die Schmolke.

Willibald Schmidt nun lädt regelmäßig seine Lehrerkollegen zu einem »Herrenabend« ein, bei dem die hochgeistigen Diskussionen durch die Kochkünste der guten Frau Schmolke das rechte Fundament erhalten. Und hierbei läßt der erfahrene Wanderer Fontane seine Romanfiguren an den Köstlichkeiten teilhaben, die er in der Mark kennenlernte. Kaum jemals dürfte dem Oderbruch und seinen kulinarischen Schätzen ein solches Denkmal gesetzt worden sein wie von Professor Schmidt und seinen Kollegen. Man hat sich bereits an den gedeckten Tisch gesetzt und wartet ungeduldig auf das Wesentliche, als endlich die Schmolke hereintritt, rot vor Erregung und Herdfeuer, eine riesige Schüssel mit Oderkrebsen tragend.

»Gott sei Dank«, sagte Schmidt, »ich dachte schon, alles wäre den Krebsgang gegangen«, eine unvorsichtige Bemerkung, die die Kongestionen der Schmolke nur noch steigerte, das Maß ihrer guten Laune aber ebensosehr sinken ließ. Schmidt, seinen Fehler rasch erkennend, war kluger Feldherr genug, durch einige Verbindlichkeiten die Sache wieder auszugleichen. Freilich nur mit halbem Erfolg.

Als man wieder allein war, unterließ es Schmidt nicht, sofort den verbindlichen Wirt zu machen. Natürlich auf seine Weise. »Sieh, Distelkamp, dieser hier ist für dich. Er hat eine große und eine kleine Schere, und das sind immer die besten. Es gibt Spiele der Natur, die mehr sind als bloßes Spiel und dem Weisen als Wegweiser dienen; dahin gehören beispielsweise die Pontacapfelsinen und die Borsdorfer mit einer Pocke. Denn es steht fest, je pockenreicher, desto schöner ... Was wir hier vor uns haben, sind Oderbruchkrebse; wenn ich recht berichtet bin, aus der Küstriner Gegend. Es scheint, daß durch die Vermählung von Oder und Warthe besonders gute Resultate vermittelt werden. Übrigens, Friedeberg, sind Sie nicht eigentlich da zu Haus? Ein halber Neumärker oder Oderbrücher.« Friedeberg bestätigte. »Wußt' es; mein Gedächtnis täuscht mich selten. Und nun sagen Sie, Freund, ist dies nach Ihren persönlichen Er-

fahrungen, mutmaßlich als streng lokale Produktion anzusehen, oder ist es mit den Oderbruchkrebsen wie mit den Werderschen Kirschen, deren Gewinnungsgebiet sich nächstens über die ganze Provinz Brandenburg erstrecken wird?«

»Ich glaube doch«, sagte Friedeberg, während er durch eine geschickte, durchaus den Virtuosen verratende Gabelwendung einen weiß und rosa schimmernden Krebsschwanz aus seiner Stachelschale hob, »ich glaube doch, daß hier ein Segeln unter zuständiger Flagge stattfindet und daß wir auf dieser Schüssel wirkliche Oderkrebse vor uns haben, echteste Ware, nicht bloß dem Namen nach, sondern auch de facto.«

Nun sind hier Lehrer versammelt, die auch über eine kulinarische Problematik in eine ausführliche Diskussion eintreten können, und als ein weiterer Kollege hinzukommt, der gerade an der kommerzienrätlichen Tafel der Treibels sehr viel vornehmer gespeist hat, erweitert sich das Gespräch zu einer Kontroverse, die das Pro und Contra verschiedener Schalentiere, genauer: von Krebs und Hummer, philosophisch abwägt. Hummer wie Krebs finden beide ihre Befürworter; zuerst ist fast jeder für den Hummer, argumentiert Schmidt, schon allein deswegen, weil er sich auf Kaiser Wilhelm berufen kann. Aber neben dem Großen hat auch das Kleine seine Berechtigung, und das spricht für den Krebs.

»Gewiß, dem Krebse fehlt dies und das, er hat sozusagen nicht das ›Maß‹, was, in einem Militärstaate wie Preußen, immerhin etwas bedeutet, aber dem ohnerachtet, auch er darf sagen: ich habe nicht umsonst gelebt. Und wenn er dann, er, der Krebs, in Petersilienbutter geschwenkt, im allerappetitlichsten Reize vor uns hintritt, so hat er Momente wirklicher Überlegenheit, vor allem auch darin, daß sein Bestes nicht eigentlich gegessen, sondern geschlürft, gesogen wird. Und daß gerade das, in der Welt des Genusses, seine besonderen Meriten hat, wer wollte das bestreiten?«

Für gastrosophische Diskussionen und Streitgespräche hatte Theodor Fontane ebenso ein Faible wie für »Herrenessen«, bei denen über Gott und die Welt diskutiert wurde und deren Teilnehmer einen guten Tropfen und kräftige Leckerbissen gleichermaßen zu schätzen wußten. Mal treffen sich Lokalpolitiker abends in dem Gesellschaftshaus Ressource (»Mathilde Möhring«), um dort bei Apfelsinencreme, Baumtorte und Korianderkuchen die Beziehungen zwischen Landrat und Bürgermeister zu erörtern, mal treffen sich (»Stechlin«) zwei Amtsbrüder im Pfarrhaus, um über ihre unchristlichen Gemeindemitglieder zu klagen, sich dabei mit Rotwein und belegten Brötchen stärkend.

In bürgerlichen Kreisen finden Einladungen und Gesellschaften gewöhnlich daheim statt; die Hausfrau bereitet entweder selbst das Essen vor, dabei bisweilen von einer Zugehfrau assistiert, oder man läßt, wenn es die Mittel erlauben, von einem Traiteur etwas ins Haus schicken. Bei Frau Hulen, der Stubenwirtin von Lewin von Vitzewitz (»Vor dem Sturm«), werden zu einer Neujahrseinladung berlinische Spezialitäten aufgetischt, die sie in der eigenen Küche zubereitet hat und die bei ihren Gästen regen Zuspruch finden. In der kleinen Wohnung haben sich ein ehemaliger Wachtmeister, eine Musiklehrerin, die Betreiber einer Pfandanstalt und andere einfache Leute zu einer Gesellschaft zusammengefunden, die so recht das kleinbürgerliche Berlin am Anfang des 19. Jahrhunderts repräsentiert. Als alle Gäste versammelt sind, sorgt Frau Hulen dafür, daß der Tisch hereingetragen wird, auf dem die Speisen bereits angerichtet sind: »als erster Gang eine große Schüssel mit Mohnpielen, daneben links ein Heringssalat und rechts eine Sülze. Alles reich gewürzt; auf dem Mohn eine dichte Lage von gestoßenem Zimt, auf dem Salat kleine Zwiebeln, die mit Pfeffergurken und sauren Kirschen abwechselten. Ein echtes Berliner Essen.« Die kräftige Sülze ist mit englischem Gewürz aromatisiert, auch Nelkenpfeffer oder Piment genannt, das aus Jamaica kommt und in seinem Geschmack an Gewürznelken, Zimt und Pfeffer erinnert; die Gäste, die Pfefferschärfe befürchteten, sind beruhigt und dürfen obendrein noch die »Weltläufigkeit« der Frau Hulen bestaunen.

Die Welt der Lehrer und Pfarrer, der dienstbaren Geister und der kleinen Leute ist nur der eine Teil der Welt, in der Fontane lebt und in der er seine Romanfiguren leben läßt; im anderen Teil der gesellschaftlichen Welt des ausgehenden 19. Jahrhunderts begegnen wir Kommerzienräten und Grafen, Generälen und Bankiers – und *auch* Fontane.

Oderkrebse in Petersilien-butter

30 lebende Flußkrebse
2 EL Butter

Sud

500 ml trockener Weißwein
500 ml Wasser
6 Schalotten
2 Möhren in Scheiben
1 TL Kümmel
1 Bund glatte Petersilie
1 EL Pfefferkörner
Salz

Aus den angegebenen Zutaten einen Sud bereiten und 20 Minuten kochen lassen. Die Krebse waschen und abbürsten. Einzeln mit dem Kopf voran in den sprudelnd kochenden Sud geben und 10–12 Minuten garen, bis sie sich rot gefärbt haben. Die Krebse mit dem Schaumlöffel herausheben und in einer vorgewärmten Terrine anrichten. Den Sud durch ein Haarsieb seihen, rasch auf die Hälfte einkochen. Die Butter mit dem Schneebesen unterschlagen, 1 EL feingewiegte Petersilie dazugeben und die Sauce über die Krebse gießen. Oder aber die Krebse mit ganzer Petersilie garnieren und die Sauce in kleinen Tassen extra dazu servieren.

Dazu schmecken frisches Weißbrot und ein trockener Weißwein.

Heringssalat

3 Salzheringe
3 säuerliche Äpfel
2 saure Gurken
2 gekochte Kartoffeln
1 gekochte rote Rübe
250 g kalter Kalbsbraten
1 große Zwiebel
50 g Walnußkerne
2 hartgekochte Eier
1 EL Kapern
1 EL gehackte Petersilie

Sauce

1 EL Senf
4 EL Weinessig
6 EL Öl
evtl. einige Löffel Fleischbrühe
Salz, Pfeffer, Zucker

Die gesäuberten Heringe einige Stunden wässern oder in Milch einlegen. Dann von Gräten und Haut befreien. Heringe, geschälte Äpfel, Gurken, Kartoffeln, rote Rübe und Kalbsbraten in feine Würfel schneiden. Die fein gehackte Zwiebel dazugeben, alles vorsichtig vermengen und mit frisch gemahlenem Pfeffer und wenig Salz würzen. Aus den angegebenen Zutaten eine pikante Sauce rühren und mit dem Salat mischen. Einige Stunden durchziehen lassen. Erst dann die grob gehackten Walnüsse zugeben. Das Ganze in einer Salatschüssel kuppelförmig anrichten, mit gehacktem Eiweiß, Eigelb, Kapern und Petersilie garnieren.

Sülze mit englischem Gewürz

600 g kalter Kalbs- oder Schweinebraten
je 1 Tasse Tomaten- und Paprikastreifen,
kleine eingelegte Gurken,
gegarte Erbsen
und gegarte Möhrenscheiben
2 hartgekochte Eier
1 l kräftige, geklärte Fleischbrühe
2 Lorbeerblätter
1 EL Pfefferkörner
10 Pimentkörner (englisches Gewürz)
1/2 Tasse Essig,
etwas Zucker
16 Blatt Gelatine

Die Fleischbrühe mit Essig, Zucker und den Gewürzen 10 Minuten kochen lassen. Die Gelatine in kaltem Wasser einweichen. Das Fleisch in Würfel oder kleine Scheiben schneiden, mit den Gemüsezutaten und Eischeiben dekorativ in einer Schüssel arrangieren. Die ausgedrückte Gelatine in der heißen, nicht mehr kochenden Brühe (Lorbeerblätter entfernen) unter Rühren auflösen und erkalten lassen. Kurz vor dem Festwerden über die Zutaten in der Schüssel gießen und die Sülze im Kühlschrank über Nacht erstarren lassen. In der Schüssel servieren oder auf eine runde Platte stürzen. Dazu Bratkartoffeln oder dunkles Brot und Butter sowie ein kühles Bier.

Weissbiersuppe

1 l Berliner Weiße
250 ml Wasser
2 Scheiben fein geriebenes Schwarzbrot oder Zwieback
1 Stück Zitronenschale
4 Eier
1/2 TL Kümmelpulver oder Zimt
2–3 EL Zucker,
1 Prise Salz
4 Zitronenscheiben ohne Schale
2 Scheiben Weißbrot in Würfeln
Butter zum Rösten

Bier und Wasser in einen Topf geben und darin das geriebene Brot 10 Minuten quellen lassen. Zitronenschale, Eier, Zimt oder Kümmel, Salz und Zucker dazugeben und bei mittlerer Hitze mit dem Schneebesen solange schlagen, bis die Suppe anfängt, dicklich zu werden (nicht kochen lassen!). Mit den Zitronenscheiben in eine Suppenterrine füllen und die in Butter goldgelb gerösteten Weißbrotwürfel darüberstreuen.

Für diese typische Berliner Suppe kann man auch halb Weißbier und halb Braunbier oder Wein verwenden.

Salz

»Zwei große Schüsseln Austern harrten bereits der Gäste, und jeder griff nach Belieben zu, während im harmlosen Geplauder Neuigkeiten, oft personeller Natur, ausgetauscht wurden. Sobald die Austern verzehrt waren, wurde ein Braten gereicht, selten noch irgend etwas anderes, und damit war die Mahlzeit beendet. In Berlin, im Gegensatze zu Dreilinden, erhielten die Gäste nur Champagner, der aus silbernen Bechern mit hohem Fuße und innen vergoldeten Schalen, getrunken wurde. Das starre Festhalten an diesem Gebrauch war bezeichnend für den Prinzen; er glaubte fest daran […], daß der perlende Schaumwein seinen Gästen das willkommenste Getränk sei. Nicht gerne wich er von dieser Tischregel ab, und so galt es denn als eine besondere Gunst, den schüchternen Hinweis auf einen widerspenstigen Magen respektiert und statt des Champagners eine Flasche Rotwein für den mehr oder weniger maroden Gast erscheinen zu sehn.«

Schloß Charlottenhof in Sanssouci:
Der Speisesaal

Schloß Charlottenhof:
Das Schreibkabinett der Kronprinzessin

Das Hotel Bristol.
Hier stieg Dubslav von Stechlin ab,
wenn er in Berlin war.

So sehr Fontane die Gastlichkeit beim Prinzen genießt, so sehr er sich durch die Einladungen geehrt fühlt – wenn er wieder einmal unter seinen »gastrischen Verstimmungen« leidet, kann ihn auch ein prinzliches Dejeuner nicht locken. Die Erklärung gibt er in einem Brief an seine Tochter, in dem er feststellt, daß er sich für den prinzlichen Champagner noch nicht gesund genug fühle; nur wenn es statt des Champagners Schwarzhof- oder Brauneberger Bier gäbe und statt der Parmesan-Stangen Kümmelbrötchen, würde er sich vielleicht wieder gesund melden. Dem Deftigeren gibt er in Leidenszeiten gelegentlich den Vorzug, denn er weiß, daß nervöse Menschen alles auf den Kopf stellen und »sich einen verdorbenen Magen durch Hummersalat und Aalpastete« kurieren können, wenn sie darauf einen Heißhunger haben.

Diejenigen, die nicht ins Schloß selbst durften, spazierten den Prachtboulevard Berlins entlang – die vom Brandenburger Tor zum Palast führende Straße Unter den Linden –, um vielleicht einen Blick auf Mitglieder der kaiserlichen Familie oder auf den Kaiser selbst zu werfen. Unter den Linden – das war die Adresse, wo sich tout Berlin traf; hier flanierten die Gardeoffiziere – allein oder mit ihren Damen, hier machte das elegante Berlin seine Einkäufe, traf sich im Café Bauer und speiste bei Hiller.

Die Reichshauptstadt zog Gäste aus aller Welt an, die zu politischen Konferenzen oder zu Wirtschaftsverhandlungen kamen; diesen genügten die Unterkünfte nicht mehr, die noch in der Zeit vor 1871 als »Gasthof 1. Ranges« märkischen Adeligen Logis geboten hatten. Es entstanden »Grand Hotels« wie der Kaiserhof am Wilhelmplatz und das Bristol Unter den Linden, mit denen die Gastlichkeit in Berlin sich dem Niveau von London oder Paris näherte.

Fontane verfolgt die Entwicklung Berlins einerseits mit stillem Behagen, sieht er die Stadt doch endlich auf die Höhe seines geliebten London aufsteigen. Andererseits mißfällt ihm, was er an negativen Erscheinungen in Politik und Gesellschaft wahrnehmen muß, und während er in Briefen bei seiner Kritik daran kein Blatt vor den Mund nimmt, formuliert er sie in seinen Romanen zurückhalten-

Villa am Wannsee.
Ein ähnliches Domizil könnte Kommerzienrätin
Jenny Treibel bewohnt haben.

der, aber nicht minder deutlich. Es ist nicht das Weltstädtische, das ihn stört, sondern das bourgeoishaft Provinzielle, das Spießertum der »Neureichen«, die sich auch zum eleganten Berlin zählen. In einem Brief an seine Tochter äußert er seine Vorbehalte deutlich, wenn er die »Kleinstelzigkeit« des Bourgeois lächerlich macht. Wirkliche wirtschaftliche Größe wie die von Fabrikgründern, Reedern und Bergwerkbesitzern imponiert ihm, auf den das Große von Jugend an einen Zauber ausgeübt hat. Der Bourgeois aber ist nur die Karikatur davon, er ist einer, der auf nichts hin bewundert sein will. Als Gast soll man sich bei ihm beglückt fühlen, wenn mit großer Geste Banalitäten serviert werden, doch dabei sei alles nur »Sechser-Wirthschaft«, tadelt Fontane. »Ein Stück Brot ist nie Sechserwirthschaft, ein Stück Brot ist ein Höchstes, ist Leben und Poesie, ein Gänsebraten-Diner aber mit Zeltinger und Baiser-Torte, wenn die Wirthin dabei strahlt und sich einbildet mich der Alltäglichkeit meines Daseins auf 2 Stunden entrißen zu haben, ist sechserhaft in sich und doppelt durch die Gesinnung, die es begleitet.« Derartigen Einladungen kann Fontane nicht immer entgehen, sogar in seiner eigenen Familie trifft er auf eine Bourgeoise – seine Schwester Jenny –, und so muß er nicht lange nach einem Vorbild für Frau Kommerzienrätin Jenny Treibel suchen.

Diese bewohnt mit ihrer Familie auf dem Fabrikgelände an der Köpenicker Straße eine Villa, deren Bau man sich nach dem siegreichen Feldzug leisten konnte, denn Kommerzienrat Treibel stellt »Berliner Blau« für Uniformen her. Ganz comme il faut ist die Lage in Berlin Ost nicht, und der hauptstädtische Leser weiß sogleich, daß Treibels auf dem Weg nach oben noch einige Stufen vor sich haben. Herr Treibel möchte deshalb auch politisch reüssieren, bewirbt sich um einen Wahlkreis und hofft darauf, eines Tages zum Generalkonsul ernannt zu werden; Frau Treibel sucht die Nähe des Adels, sinnt auf eine gute Partie für ihren Sohn und vergißt geflissentlich, daß sie die Tochter eines kleinen Gemüsehändlers ist, der sozialer Dünkel eigentlich fremd sein müßte. Zu Ehren eines englischen Geschäftspartners geben die Treibels eine Gesellschaft, zu der Adel, pensioniertes Militär und gebildete Freunde geladen werden, de-

Eduard Gärtner: Unter den Linden, 1853

ren geistreiches Geplauder das festliche Essen bereichern soll. Das Essen wird vom Traiteur Huster angeliefert, dessen schneeweiß gekleidete »Kochjungen« stadtbekannt waren; das Menü umfaßt mehrere Gänge – und wird von Fontane kaum beschrieben. Die Vorspeise ist ein »Ragout fin en coquille«, zu dem Chablis gereicht wird, dann folgt ein Hammelrücken, und als Nachtisch wird ein Panaché serviert – ein Gefrorenes unterschiedlicher Sorten und Farben, dekorativ angeordnet. Die Gäste genießen aber nicht nur die Speisen, mindestens ebensosehr erfreuen sie sich an den Gesprächen, in denen die politische Zukunft von Treibel sen. und das Liebesglück von Treibel jun. gelenkt werden sollen. Nach dem Dessert wird gesungen – auf allen Gesellschaften in Fontanes Romanen wird irgendwann gesungen –, und die Gastgeberin trägt voller Gefühl ein unsäglich sentimentales Lied vor, dessen innige Liebeswonnen sie sofort vergißt, als es gilt, ihren Sohn vor einer Liebesheirat, vor einer Mesalliance mit der Professorentochter zu bewahren.

Aber auch der Adel erfährt bei Fontane Kritik, vor allem jene Aristokraten, die ein »Gesellschaftsetwas« über Herz und Gefühl und Menschlichkeit stellen. Baron Botho von Rienäcker ist eigentlich ein netter Kerl, der seine Lene, ein Mädchen aus einfachsten Verhältnissen, sehr liebt und die er heiraten würde, wenn es die Verhältnisse zuließen. Im Zusammensein mit ihr erkennt er das »Redensartliche«, das die Gespräche auf den Gesellschaften seiner Kreise bestimmt und das er bei der Frau, die er heiraten muß, wiederfinden wird. So gern er in dem einfachen Haushalt von Lene Nimptsch ist – seine eigentliche Welt ist die der Clubs und Casinos, und wenn er sich mit seinem Onkel verabredet, trifft er diesen bei Hiller. Der Onkel ist in einer heiklen diplomatischen Mission unterwegs; er soll dafür sorgen, daß Botho endlich heiratet, und dieses ihm höchst unangenehme Gespräch will er in der richtigen Umgebung führen. Da Botho noch einen Freund mitbringt, vereint man sich zu einem »militärischen Herrenfrühstück«: Der Tisch ist in einem kleinen, mit Leder ausgeschlagenen Kabinett gedeckt, die Herren legen ab, Pallasch und Säbel werden in die Ecke gestellt, aber trotz der Hitze darf natürlich kein Uniformknopf geöffnet werden. Der Ton, mit dem die Order an den Kellner geht, ist knapp und befehlsgewohnt. Mit seiner Menüwahl zeigt der alte Baron die Vorlieben seines Standes, er bestellt Hummer und weißen Burgunder, wobei er sich von Botho hinsichtlich der Sorte beraten läßt und – natürlich – Chablis wählt. Brot wird gebracht und frisches Wasser, so kalt, daß die Karaffe beschlägt, und da der Durst und die Ungeduld groß sind, läßt man noch eine Flasche Veuve Cliquot kühlen. Das Gespräch springt in die Vergangenheit, behandelt Großtaten des preußischen Militärs, kehrt zurück in die Gegenwart und zu Bismarck und nimmt sofort eine Wendung ins Sarkastisch-Kritische – wie so häufig bei Fontane, wenn von seinem Lieblingsgegner, dem Reichskanzler, die Rede ist. Endlich kommt der Hummer. Der Baron legt vor – »Bitte, hier die große Schere. Die Scheren sind immer das Beste« – und ermuntert zum Zugreifen. Und da er indirekt Botho das Zugeständnis entlockt hat, die Kusine Käthe zu heiraten, muß dieser Erfolg mit einem weiteren Champagner gefeiert werden: »Ein Heidsieck. Beste Marke.«

Neben Chablis wird immer wieder Champagner bei Fontane getrunken, und während Chablis zu den von ihm selbst bevorzugten Tropfen gehört, gesteht er einmal seiner Frau, daß Champagner recht eigentlich nicht sein Wein sei, da er ihn immer so müde mache. Seine Romanfiguren aber sprechen dem Getränk aus Reims oder Epernay gerne zu, und ihre Vorlieben verteilen sie gleichmäßig auf die größten Kellereien der Champagne. Herrenfrühstück wie Herrenabend sind die bevorzugten Gelegenheiten, um einen gut gekühlten »mousseux« zu trinken. Und wenn in dem Roman »Schach von Wuthenow« eine diskussionsfreudige Herrenrunde ihre in der Behrenstraße wohnende Gastgeberin, Frau von Carayon, verläßt, dann möchte sie auch noch zu später Stunde einen guten Tropfen genießen. Dazu braucht man nur wenige Schritte Richtung Linden zu gehen, um dort – an der Ecke Charlottenstraße – in dem Wein-Lokal des italienischen Traiteurs Sala Tarone einkehren zu können, der einmal der »Hofitaliener« Friedrichs des Großen war. Ein Reisender im alten Berlin, der statt eines Reiseführers einen Fontane-Roman unter dem Arm hat, würde auch diesen Ort finden und sich in die Speisekarte vertiefen können, wie es die drei Nachtschwärmer tun. Diese studieren die Karte; sie riecht zwar nach Hummer, doch auf den hat man keinen Appetit mehr, und da es April ist und man den Frühling schon ahnen kann, setzt man andere Präferenzen.

»Sagen Sie, Fritz, wie verhält sich die Firma Sala Tarone zur Maibowle?«
»Gut. Sehr gut.« […]
»Gut denn. Also Maikräuter. Und nicht lange ziehen lassen. Waldmeister ist nicht Kamillentee. Der Mosel, sagen wir ein Zeltinger oder ein Brauneberger, wird langsam über die Büschel gegossen; das genügt. Apfelsinenschnitten als bloßes Ornament. Eine Scheibe zuviel macht Kopfweh. Und nicht zu süß, und eine Cliquot extra. Extra, sag' ich. Besser ist besser.«
Damit war die Bestellung beendet, und ehe zehn Minuten um waren, erschien die Bowle, darauf nicht mehr als drei oder vier Waldmeisterblättchen schwammen, nur gerade genug, den Beweis der Echtheit zu führen.
»Sehen Sie, Fritz, das gefällt mir. Auf mancher Maibowle schwimmt es wie Entengrütze. Und das ist schrecklich. Ich denke, wir werden Freunde bleiben. Und nun grüne Gläser.«
Alvensleben lachte. »Grüne?«
»Ja. Was sich dagegen sagen läßt, lieber Alvensleben, weiß ich und laß es gelten. Es ist in der Tat eine Frage, die mich seit länger beschäftigt und die, neben anderen, in die Reihe jener Zwiespalte gehört, die sich, wir mögen es anfangen, wie wir wollen, durch unser Leben hinziehen. Die Farbe des Weins geht verloren, aber die Farbe des Frühlings wird gewonnen, und mit ihr das festliche Gesamtcolorit. Und dies erscheint mir als der wichtigere Punkt. Unser Essen und Trinken, soweit es nicht der gemeinen Lebensnotdurft dient, muß mehr und mehr zur symbolischen Handlung werden, und ich begreife Zeiten des späteren Mittelalters, in denen der Tafelaufsatz und die Fruchtschalen mehr bedeuteten als das Mahl selbst.«

Der Feinschmecker Fontane läßt seine Figuren zuweilen zu Gastrosophen werden, die den Genuß hochschätzen, das Nachdenken über den Genuß aber vielleicht noch ein bißchen höher. Und genau das tat er gelegentlich auch! Für gastrosophische Reflexionen und Streitgespräche hatte Theodor Fontane durchaus ein Faible. In seiner poetischen Frühzeit schrieb er 1863 mit einem Freund aus dem Dichterclub eine Tenzone (d. i. ein Streitgedicht) zu dem wichtigen Thema »Austern oder Kaviar«, in der das Für und Wider der roh zu genießenden Schalentiere und des nicht minder rohen, aber doch edleren Stör-Rogen aus Astrachan in vielen Strophen erörtert wird.

Und da seine kulinarischen Neigungen sehr häufig die seiner Romanpersonen sind, wird die Kaviar-Problematik natürlich auch in einem seiner Texte diskutiert. In dem Roman »Vor dem Sturm« finden sich einige Honoratioren zusammen, unter ihnen ein Justizrat und ein geistlicher Herr, um die Frage nationaler Identitäten im Spannungsfeld von Slawen und Deutschen zu behandeln, wobei die Delikatessen der Völker in der Theorie und Praxis des Genießens einbezogen werden. Man betritt das Eßzimmer, »das von dem Vorrecht aller Speiseräume, kahl und schmucklos sein zu dürfen, den ausgiebigsten Gebrauch machte«, aber dennoch durch die Lebhaftigkeit der Anwesenden den Eindruck von Gemütlichkeit vermittelt. Gespannt wartet man auf die Leckerbissen, die der Gastgeber immer zu präsentieren weiß – und man täuscht sich nicht. Die Haushälterin erscheint und serviert Kostbares: Sie reicht eine flache Schüssel herum, deren schwarzkörniger, mit Zitronenscheiben reich garnierter Inhalt die Wartenden entzückt.

»Aber Turgany«, murmelte Seidentopf mit liebevollem Vorwurf.
»Keinen vorzeitigen Dank«, nahm der Justizrat das Wort. »Du ahnst nicht, Freund, die geheime Tücke, die hinter diesen schwarzen Körnern lauert. […] Hier ist das Salz der Erde, das einzige, das noch nicht dumpf geworden. Diese schwarzen Körner, was sind sie anders als ein Vortrab aus dem Osten, als eine Avantgarde der großen slawischen Welt. Sendboten von der Wolga her; Astrachan rückt ein in dieses alte Land Lebus. Ein tiefsinniges Symbol dieses alles.«

Die Präsentation von Kaviar als ein Demonstrationsobjekt politischer Divergenzen und kulinarischer Harmonie ist nur ein Beispiel für das hohe Maß an Symbolik, das einzelne Gerichte bei Fontane erhalten können.

Nicht nur in »Vor dem Sturm«, sondern auch im letzten Roman Fontanes, im »Stechlin«, finden sich manche

Maibowle

2 Flaschen trockener Weißwein
(z. B. Mosel)
1 Bund frischer Waldmeister
nach Wunsch
je 2–3 Blätter von Erdbeere,
Pfefferminze und
schwarzer Johannisbeere
3 dünne Zitronenscheiben
Würfelzucker nach Geschmack
(wenig!)
1 Flasche trockener Sekt

Waldmeisterkraut und Blätter waschen und gut mit Küchenpapier abtrocknen. Zusammenbinden und mit den Spitzen nach unten in ein Bowlengefäß hängen, in dem sich schon eine Flasche des gut gekühlten Weines befindet sowie die Zitronenscheiben und Zuckerwürfel, die an der Zitronenschale gelb gerieben wurden.

Die Bowle 30–40 Minuten ziehen lassen, Waldmeister und Blätter herausnehmen, umrühren, die zweite Flasche Wein angießen, eine Stunde kühlen lassen. Zum Servieren die Zitronenscheiben entfernen, einige wenige frische Waldmeisterblätter obenauf schwimmen lassen und mit eisgekühltem Sekt auffüllen.

Gerichte, die der Autor selbst außerordentlich schätzte. Nach einer Reichstagswahl, die die Konservativen und ihr Kandidat Dubslav von Stechlin haushoch verloren haben, geht man sehr bald und heiter zu Tisch, um dem »Wahlmenü« zuzusprechen. »Alles sehnte sich danach, bei Forellen und einem guten Chablis die langweilige Prozedur zu vergessen. Und war man erst mit den Forellen fertig und dämmerte der Rehrücken am Horizont herauf, so war auch der Sekt in Sicht. Im Prinzregenten hielt man auf eine gute Marke.«

Forelle, Chablis und Rehrücken wie auch Kaffee und Cognac begegnen wir bei Fontane immer wieder. Und die Krankenkost, die sich Dubslav von Stechlin verordnet, weiß Fontane auch in gesunden Tagen zu schätzen. In französischer Gefangenschaft konnte er sich an einer kräftigen, ungewohnt dicken Taube gütlich tun, und nach diesem Vorbild verlangt der alte Stechlin von der Köchin zu Mittag eine gefüllte Taube, die nicht zu mager ist, nicht zu wenig Füllung hat und nicht nach alten Semmeln schmecken darf. Bei Kommerzienrat van der Straaten, einem Kunstliebhaber voll Bonhommie, der mehr von der Kunst als von den Frauen versteht, kommen anläßlich eines festlichen Essens sehr scharfe Spanische Zwiebeln auf den Tisch – die Speisepläne von Frau Emilie verzeichnen ebenfalls dieses Gericht.

Die kritische Sympathie, die Fontane für den Adel seiner Zeit hegt, wird besonders deutlich, wenn er entweder scheinbar untypische Vertreter dieses Standes zeichnet wie den alten Stechlin oder solche, deren Adelsstandpunkt recht eigentlich nur noch ein innerer ist wie bei den Poggenpuhls. In bedrängten finanziellen Verhältnissen lebend, sind die Mitglieder der Familie immer bestrebt, das Dekorum zu wahren, damit zumindest der ideelle Abstand zum unvermögenden Bürgertum gewahrt bleibt. Eine Ahnung vom guten Leben erhalten sie nur außerhalb des Hauses: die Töchter bei ihren Freundinnen aus Bankiersfamilien, die Söhne in der Thorner Garnison, wo sie als besondere Spezialität Karpfen in Pfefferkuchen und Ungarwein vorgesetzt bekommen. Die Kinder richten ihrer Mutter einen festlichen Geburtstag aus, bei dem in anrührender Weise deutlich wird, wie Herzlichkeit und Liebe für Protokoll und Vermögen eintreten können.

[...] Punkt zwei ging man zu Tisch. Es war in der guten Stube gedeckt, in der Mitte eine Torte, links und rechts die Erika und die Primel. Der Sohrsche [i.e. ein Vorfahre] sah aus seinem Rahmen herab und lächelte.
Gleich nach der Suppe wurde der Glasteller mit der kleinen Repräsentationsweinflasche von dem Schreibtisch heruntergenommen und vor Leo hingestellt, der mit vieler Würde bemerkte: »Wenn dies mir gilt, so muß ich es zurückweisen; wenn es aber wegen Mamas Geburtstag ist, auf deren Wohl wir trinken müssen, so kann es stehn bleiben.«
Und während noch darüber parlamentiert und Leos Widerstand beseitigt wurde, kam Friederike und brachte die Ente.
»Wovon willst du?« fragte Sophie.
»Keule, wenn ich bitten darf. Ich finde nämlich, wer um die Keule bittet, fährt immer am besten. Es macht jedesmal einen guten, weil bescheidenen Eindruck, und zweitens läßt einen das Bindestück nicht leicht im Stich. Außerdem ist die reine Quantitätsfrage doch auch nicht zu verachten.«
Er tat sich denn auch bene; alles war ihm zu willen, und dann brachte er seinen Toast aus auf das Wohl der Mutter. Diese mußte trinken, die Mädchen aber stießen nur mit dem Knöchel ihres Zeigefingers an.
»Es ist doch wahr, zu Hause schmeckt es immer am besten. Solche mütterliche Ente krieg' ich in ganz Thorn nicht. Und diese Füllung, noch dazu zweierlei, hier Maronen und hier Pudding mit Rosinen. Kinder, ich glaube beinahe, es ist alles Verstellung bei euch; ich glaube, ihr habt was, ihr seid gar nicht so arm.«

Fontane hat hier nicht nur das Porträt einer unvermögenden Adeligen und ihrer Kinder gezeichnet – Ähnlichkeiten mit seiner Familie, mit seinen zwischen Anpassung an das kaum zu Ändernde und Streben nach Wohlstand schwankenden Kindern sind unverkennbar. Vor allem der leichtlebige Leutnant Leo weist Züge des Offiziers George Fontane auf, der sich ebenfalls häufig in Geldnöten befand. Dennoch aber hatten alle Familienangehörigen die Erfahrung einer guten Küche gemacht – sei es in der bescheidenen Dachwohnung in der Potsdamer Straße, sei es auf Besuch bei Freunden, häufig aber auch auf Ausflügen und gemeinsamen Reisen in die Sommerfrische.

Streusel-kuchen

Teig

200 g Butter
abgeriebene Schale von
1 Zitrone
175 g Zucker
1 Prise Salz
4 Eier
300 g Mehl
150 g Speisestärke
3 TL Backpulver

Belag

1,5 kg Rhabarber
250 g Mehl
150 g Zucker
2 Päckchen Vanillezucker
150 g Butter

*D*en Rhabarber waschen, eventuell abziehen, in 2 cm lange Stücke schneiden. Mit kochendem Wasser überbrühen, 3 Minuten darin liegen lassen (reduziert die Gerbsäure). Wasser abgießen, Rhabarber kalt abbrausen, gut abtropfen lassen und mit einem Küchentuch abtrocknen.

Butter, abgeriebene Zitronenschale, Zucker, Salz und Eier verrühren. Mehl, Speisestärke und Backpulver vermischen und darunterrühren. Den Teig auf ein gefettetes Backblech streichen, den Rhabarber darauf verteilen. Mehl mit Zucker, Vanillezucker und der weichen Butter vermengen und mit den Händen zerkrümeln. Die Streusel über den Rhabarber geben. Im vorgeheizten Backofen auf mittlerer Schiene bei 200 Grad 30–35 Minuten backen. Nach dem Abkühlen den Kuchen in Stücke schneiden und mit geschlagener Sahne servieren.

Spanische Zwiebeln

500 g mittelgroße Zwiebeln
500 ml Fleischbrühe
2 scharfe rote Pfefferschoten
Essig
Zucker, Salz

Die geschälten ganzen Zwiebeln in der Fleischbrühe dämpfen, bis sie fast gar sind (nicht zerfallen lassen). Mit einem Schaumlöffel herausnehmen. Die Pfefferschoten entkernen und in Ringe schneiden, unter die Zwiebeln mengen. Einen Teil der Fleischbrühe mit Essig, Zucker und Salz pikant abschmecken, über die Zwiebeln geben und lauwarm oder kalt servieren.

Karpfen Thorner Art mit Ungarwein und Pfefferkuchen

1 Karpfen (etwa 1,5 kg)
3 Zwiebeln
2 Möhren
2 Lorbeerblätter
5 Gewürznelken
5 Pimentkörner
10 Pfefferkörner
1 Flasche Ungarwein
1 Zitrone
100 g brauner Pfefferkuchen
3 EL Essig
brauner Zucker
Salz
Pfeffer
Butter

Den geschuppten und ausgenommenen Karpfen ohne Kopf und Flossen quer in Portionsstücke schneiden.

In eine gebutterte Kasserolle die Zwiebel- und Möhrenscheiben, Gewürze und dünn abgeschälte Zitronenschale geben, die Fischstücke obenauf legen, mit Wein aufgießen, salzen und pfeffern. Zugedeckt 20 Minuten langsam garen lassen. Die Karpfenstücke herausnehmen und warmstellen. Den geriebenen oder zerbröckelten Lebkuchen, Essig und braunen Zucker in die Sauce geben, aufkochen. Mit Zitronensaft abschmecken, durch ein Sieb gießen, nach Belieben Butterflocken unterrühren. Die Sauce über den Fisch geben und mit Salzkartoffeln servieren.

In Polen und in Berlin wurde der Karpfen nicht wie bei den »Poggenpuhls« mit Wein, sondern mit dunklem Malzbier zubereitet, eben ›polnischer Karpfen‹.

Gefüllte Tauben

4 küchenfertige Tauben
mit Innereien
8 Scheiben fetter Speck
1/2 Glas Geflügelfond
etwas Cognac
Salz, Pfeffer
Muskat
Butter zum Braten

Füllung

150 g Geflügelleber
2 Brötchen vom Vortag
3 EL Weißwein
2 mittlere Zwiebeln
1 Apfel
Muskatnuß
Pfeffer, Salz
je 1 EL gehackte Petersilie
und frischer Majoran
etwas abgeriebene Zitronenschale
2 kleine Eier

Die Brötchen ohne Rinde in kleine Würfel schneiden und mit Weißwein beträufeln. Innereien der Tauben und Geflügelleber fein hacken, Zwiebeln und geschälten Apfel klein würfeln. Alles vermengen, mit Salz, Pfeffer und geriebener Muskatnuß würzen, Petersilie und Majoran dazugeben, etwas Zitronenschale darüberreiben, dann die Eier untermischen.

Die Tauben innen mit etwas Cognac befeuchten, innen und außen mit Salz, Pfeffer und Muskatnuß würzen, mit der vorbereiteten Farce füllen, die Öffnung mit Holzstäbchen zustecken. In einem kleinen Bräter Butter zerlassen, die Täubchen mit der Brustseite nach oben hineinlegen und jeweils mit 2 Speckscheiben bedecken. Den Geflügelfond angießen und den Bräter in den auf 200 Grad vorgeheizten Ofen schieben. Etwa 40 Minuten braten, regelmäßig begießen. 10 Minuten vor Ende der Bratzeit den Speck entfernen und Butterflöckchen auf die Tauben geben, um auch die Brustseite zu bräunen. Vor dem Auftragen die Sauce entfetten. Als Beilage Kartoffelklöße und Spargelsalat reichen.

Mandel-kuchen

Teig

200 g Mehl
100 g Butter
1 Ei
2 TL Backpulver
2 EL Zucker
1 Prise Salz

Garnitur

200 g geschälte Mandeln
200 g Zucker
200 ml Sahne
2 EL Cointreau
oder Grand Marnier

Die Zutaten mit soviel Wasser (oder Wasser und Wein) mischen, daß ein nicht mehr an den Fingern klebender Teig entsteht. Über Nacht an einem kühlen Ort ruhen lassen. Am nächsten Tag den Teig ausrollen und damit eine gebutterte Kuchenform auslegen. Die gerösteten und grob geriebenen Mandeln, den Zucker, die Sahne und den Orangenlikör in einer Schüssel vermengen, die Masse auf den Teig geben und bei 180–200 Grad etwa 30 Minuten backen. Den Kuchen lauwarm servieren.

Das Gartenlokal
»Zum Eierhäuschen«

bleibt man in dem Kreise des Althergebrachten, aus dem man ja gerade heraus will. Wozu macht man Partien? Wozu? frag ich. Nicht um es besser zu haben, sondern um es anders zu haben, um die Sitten und Gewohnheiten anderer Menschen und nebenher auch die Lokalspenden ihrer Dorf- und Gauschaften kennenzulernen. Und da wir hier nicht im Lande Kanaan weilen, wo Kaleb die große Traube trug, so stimm ich für das landesübliche Produkt dieser Gegenden, für eine kühle Blonde.«

Als es spät wird und die Abendkühle alle frösteln läßt, einigt man sich darauf, daß nur eine Glühweinbowle zur Bekämpfung dieser Polarzustände geeignet sei, und auch hier hilft van der Straaten wieder mit einer Definition. Glühwein nämlich sei diejenige Form des Weines, in der der Wein nichts und das Gewürznägelchen (d.h. die Gewürznelken) alles bedeute. Und so trinkt man das heiße Gebräu, nicht ahnend, daß an dem Abend ein erster »Schritt vom Wege« getan werden wird – von Melanie van der Straaten und dem Freund der Familie, Ebenezer Rubehn.

Auch wenn Effi Briest mit Major Crampas am Strand der Ostsee ausreitet, um dann in den Dünen einen Imbiß einzunehmen, wandelt sie bereits auf gefährlichen Pfaden. Zwar ist der Diener dabei und hat einen einfachen Tisch vor einer primitiven Bank nach Art eines Picknicks vorbereitet und serviert »Teebrötchen und Aufschnitt von kaltem Braten, dazu Rotwein und neben der Flasche zwei hübsche zierliche Trinkgläser, klein und mit Goldrand,« doch koketter Flirt und dezente Avançen sind sogar in seiner Anwesenheit möglich – und werden eines Tages im Duell gerächt.

Fast jede Landpartie bei Fontane eröffnet amourösen Verwicklungen ein weites Feld – sei es, daß erste zarte Bande geknüpft werden, sei es, daß man von seiner Liebe Abschied nehmen muß. Nie sind es die großen Leidenschaften, die im Grünen zwischen Wiener Würstchen und Löwenbräu ausbrechen oder scheitern – Fontane ist nicht der Dichter überschwenglicher Gefühlsregungen –, aber die ›alltägliche‹ Liebe beginnt gelegentlich bei einer Vergnügungsfahrt oder findet dort ihr Ende.

Im Roman »Schach von Wuthenow« unternimmt man einen Ausflug nach Tempelhof, kehrt dort am Nachmittag zum Kaffeetrinken ein, und beim Abendspaziergang kommen sich Schach und Victoire von Carayon näher. Das

Max Liebermann:
Reiterin am Meer, um 1902

Haus Treibel samt befreundeten Familien begibt sich nach Halensee und macht gleich zu Beginn Rast in einem Kaffeegarten; Treibel bestellt Kaffee und Kuchen, nicht ohne die Ermahnung an den Kellner, daß dieser alles bringen dürfe mit Ausnahme von altdeutschem Napfkuchen, der ihm – Treibel – immer eine Mahnung sei, es mit dem neuen Deutschland ehrlich zu versuchen. Anschließend lustwandelt man paarweise um den See, wobei Leopold Treibel und Corinna Schmidt bei angeregter Plauderei ihre Bekanntschaft vertiefen.

Woldemar von Stechlin wird von Melusine, der Tochter des Grafen Barby, auf eine Landpartie zum »Eierhäuschen« eingeladen; unter den Baumkronen des Ausflugslokals bestellt man Wiener Würstel und Löwenbräu, letzteres deshalb, weil man richtiges Münchener Bier nur noch in Berlin bekäme. Und Woldemar beginnt, sich näher für die Damen Barby zu interessieren.

In dem 1888 erschienenen Roman »Irrungen, Wirrungen« haben Botho von Rienäcker und Lene Nimptsch endlich ein Wochenende für sich, das sie in der Idylle von Hankels Ablage an der Spree verbringen wollen; übrigens veranlaßte die gemeinsame Übernachtung eines unverheirateten Paares die zeitgenössischen Leser Fontanes teilweise zu höchster moralischer Entrüstung. Das Paar nimmt Unterkunft in dem kleinen Gasthaus, und am nächsten Morgen freut man sich darauf, den Tag in der Abgeschiedenheit miteinander zu verbringen; doch die Ruhe wird gestört von Bothos Freunden, die mit ihren Geliebten auf einer Landpartie unterwegs sind. Diese Damen sind erfahren in Liebesdingen und Landpartien, und während Botho sich seinen Kameraden anschließt, wird Lene in die Lebenswelt einer Mätresse eingeführt. Die Älteste, gutmütig und freundlich, kümmert sich um die angemessene Gestaltung der Landpartie, denn sie weiß, was die Männer mögen: »Meine Herren, ich bitte Sie, lehren Sie mich die Herrens kennen. Was heißt Landpartie? Landpartie heißt frühstücken und ein Jeu machen. Hab' ich recht?« Und dann geht sie, mit dem Wirt die Gestaltung des Mittagsmenüs zu besprechen. Den gewünschten Aal, armdick und delikat, gibt es leider nicht, aber der Wirt kann einen saftigen Rehrücken empfehlen. Und für dessen Zubereitung wie für die weiteren Gänge erhält er eine präzise Anweisung – so präzise, daß man vermuten darf, Fontane habe hier seine Frau um Rat gefragt, denn allein der Hinweis auf die Gemüsebeilagen zeigt Kennerschaft:

»Und vorher etwas Gemüse. Spargel ist schon eigentlich zu spät, oder doch beinah. Aber Sie haben da, wie ich sehe, noch junge Bohnen. Und hier in dem Mistbeet wird sich ja wohl auch noch etwas finden lassen, ein paar Gurken oder ein paar Rapunzeln. Und dann eine süße Speise. So was mit Schlagsahne. Mir persönlich liegt nicht daran, aber die Herren, die beständig so tun, als machten sie sich nichts daraus, die sind immer fürs Süße. Also drei, vier Gänge, denk' ich. Und dann Butterbrot und Käse.«

»Und bis wann befehlen die Herrschaften?«

»Nun, ich denke bald, oder doch wenigstens so bald wie möglich. Nicht wahr? Wir sind hungrig, und wenn der Rehrücken eine halbe Stunde Feuer hat, hat er genug. Also sagen wir um zwölf. Und wenn ich bitten darf, eine Bowle: ein Rheinwein, drei Mosel, drei Champagner. Aber gute Marke. Glauben Sie nicht, daß sich's vertut. Ich kenne das und schmecke heraus, ob Moët oder Mumm. Aber Sie werden schon machen; ich darf sagen, Sie flößen mir ein Vertrauen ein.«

So opulent wurde nicht immer auf den Landpartien der Wohlhabenden gespeist, und das sollte es auch nicht, da man das perfekt Improvisierte, das scheinbar Natürliche schätzte, den Kontrast zu den Konventionen der häuslichen Tafel.

Wenn auch in den Romanen Fontanes vornehmlich das elegante Berlin ins Grüne zieht, so war doch recht eigentlich die Landpartie ein Vergnügen für alle Schichten der Bevölkerung; auch der einfache Handwerker, der Arbeiter oder der kleine Beamte konnte sich diese Sonntagsfreude leisten. Und wenn man nicht das Geld hatte, einen eigenen Wagen zu mieten, dann ging man zum Brandenburger Tor, wo die meisten Kremser standen – ein Kremser war ein mit Plane überdachter Wagen für etwa 20 Personen – und wartete mehr oder minder geduldig, bis die hinreichende Anzahl an Passagieren beisammen war und der Kutscher mit einem kurzen Peitschenknall das Zeichen zur Abfahrt gab. Bierfäßchen, Kümmelflaschen und ›Stullenkober‹ gehörten genauso zur Ausstattung wie dicke Mettwürste, Buletten, hartgekochte Eier, Kartoffelsalat und Gurken und vielleicht auch eine Klampfe, um die sich spätestens nach einigen Gläsern entwickelnde Sangeslust zu unterstützen. Spezielle Picknickkörbe wie in England und später auch in Frankreich gab es kaum, denn anders als dort hatte die Berliner Landpartie eine andere Tradition. Während in den westeuropäischen Ländern das Picknick seinen Ursprung in den Vergnügungen der Oberschicht hatte, war es in Berlin auch eine Veranstaltung der arbeitenden Bevölkerung, die sich der Trostlosigkeit ihrer Wohnverhältnisse wenigstens am Wochenende für einige Stunden entziehen wollte.

Da die Berliner rings um die Hauptstadt die schönsten Plätze in Beschlag nahmen und dabei auch Potsdam nicht ausließen, wichen die Potsdamer an ruhigere Orte aus und schufen sich ihr eigenes Refugium in Baumgartenbrück bei Geltow. Die Lokalität hatte für Ausflügler einen besonderen Reiz, denn sie vereinigte alles, was der Erholungssuchende wünschte:

Stille und Leben, Abgeschlossenheit und Weitblick, ein landschaftliches Bild ersten Ranges und eine vorzügliche Verpflegung. Hier unter den Laubgängen zu sitzen, nach einem tüchtigen Marsch oder einer Fahrt über den See, ist ein Genuß, der alle Sinne gefangen nimmt; nur muß man freilich die Eigenart des Platzes kennen und beispielsweise wissen, daß hier nur eines getrunken werden darf: eine Werdersche.

Mit der Werderschen, und wir treten damit in eine bukolische Betrachtung ein, ist es nämlich ein eigen Ding. Sie ist entweder zu jung oder zu alt, entweder so phlegmatisch, daß sie sich nicht rührt, oder so hitzig, daß sie an die Decke fährt; in Baumgartenbrück aber steht sie im glücklichen Mittelpunkt ihres Lebens; gereift und durchgeistigt, ist sie gleich weit entfernt von schaler Jugend wie von überschäumendem Alter. Die Werdersche hier hat einen festen, drei Finger breiten Schaum; feinfarbig, leicht gebräunt, liegt er auf der dunkeln und doch klaren Fluth.

Fontane selbst hatte diesen idyllischen Ort besucht und ihn für gut befunden – gut vor allem für jene, die das Werdersche Bier liebten.

Blick über die Havel nach Geltow

Schmerlen

pro Person 1–2 Schmerlen
250 g Butter
Petersilie
Zitrone zum Garnieren

Sud

2 Teile Wein
1 Teil Wasser
1 Teil Essig
2 Zwiebeln
1 Möhre in Scheiben
Zitronenschale
3 Lorbeerblätter
3 Gewürznelken
1 TL Pfefferkörner
reichlich Salz

Aus den angegebenen Zutaten einen Sud bereiten und 15 Minuten kochen lassen. Dann die ausgenommenen Schmerlen einlegen und je nach Größe 10–15 Minuten mehr ziehen denn kochen lassen. Auf einer vorgewärmten Platte mit Zitronenvierteln servieren. Dazu Petersilienkartoffeln und heißgemachte Butter reichen.

Heute dürfte es schwierig sein, Schmerlen zu bekommen. Als Ersatz bieten sich frische Bachforellen an.

Max Liebermann: Gartenlokal an der Havel - Nikolskoe, 1916

»Ich schreibe diese Zeilen im Neu-Hardenberger Schloß, wo ich mich seit gestern früh aufhalte und sehr freundlich aufgenommen worden bin. Es ist sehr reich an Kunstschätzen und hat mir viel Ausbeute gegeben.«

Für viele Berliner war die Fahrt ins Grüne der Ersatz für den Urlaub, den man sich nicht leisten konnte – wenn er denn überhaupt nach den damaligen Arbeitsbedingungen gewährt wurde. Urlaub hieß damals ›Sommerfrische‹, denn nur im Sommer reiste der Berliner durch die Welt, bestieg die Schweizer Alpen, träumte am Golf von Neapel – oder erholte sich im Seebad Rüdersdorf. Die Zeitungen der Hauptstadt waren voll mit Angeboten für eine komfortable Unterkunft in den kleinen Gemeinden rings um Berlin, und wer es sich leisten konnte, verlegte im Sommer seinen Wohnsitz an den Stadtrand, wo er der Berliner ›Kanalluft‹ zu entkommen suchte.

Seit den siebziger Jahren kann sich auch Fontane einen Aufenthalt in der Sommerfrische leisten, und er unternimmt die Reisen entweder allein oder en famille. Seine bevorzugten Ferienorte liegen fast immer im Norden: mal ist es die Nordsee (Norderney), mal die Ostsee (Heringsdorf); seine Lieblingsorte liegen im Harz, in Thüringen und Schlesien. Und die Lektüre seiner Werke könnte nicht nur einen Wanderführer, nicht nur ein Handbuch für Landpartien ergeben, sondern der Leser wäre auch in der Lage, ein Vademecum für Ferienreisende in deutschen Provinzen und europäischen Kurorten zu erstellen.

Das Wichtigste ist für Fontane, in der Sommerfrische sowohl Sommer wie auch Frische zu erleben; d. h. eine angenehme Witterung, nicht zu warm, nicht zu kalt, Temperaturen, die dem empfindlichen Neurastheniker Wohlbehagen bereiten, klare, reine Luft, reich an Ozon und ohne den Duft von »Jauche und Levkojen«. Wo immer Fontane seine Ferien verlebte – in denen er auch intensiv arbeitete, da immer Manuskripte fertigzustellen waren –, die Hauptsache war für ihn die Luftveränderung. Ein längerer Aufenthalt auf Norderney, einsam, entsetzlich langweilig, weil Fontane zur Klausur am Schreibtisch verurteilt ist und es wie »aus Mollen« schüttet, hat dennoch sein Gutes, wie der Dichter an seine Frau schreibt: »Die Luft ist himmlisch und ihr allein verdank' ich es, daß ich meine Arbeit fertig kriege. In Berlin läg' ich längst krank auf der breiten Seite.« Andererseits stellt er mit irritierender Befriedigung fest, als ihn während eines Harzaufenthaltes eine Kolik zu Diät mit Sauerbrunnen verurteilt und er, im Freien sitzend, sich an Rosen und Jasmin erfreut: »Solche schönen Tage habe ich immer nur, wenn ich krank bin und nicht Zipp sagen kann.«

Überhaupt sind Reisen für Fontane etwas, das er fast immer mit gemischten Gefühlen erlebt. Weniger die Kosten sind es, die ihn zuweilen bedrücken, viel stärker verdrießen ihn die zahlreichen Unbequemlichkeiten, die ihm in Hotels und Gasthäusern unterschiedlicher Güte widerfahren. Das muß nicht immer der Pot de Chambre sein, den das Zimmermädchen zu leeren vergaß und dessen infernalischer Gestank den müden Reisenden in Hannover nicht schlafen läßt. Das kann auch der ruhestörende Lärm sein, der nächtens in Hotels die Gäste bei jedem Neuankömmling weckt. Oder eine gerissene Naht verursacht große Peinlichkeit, weshalb ihm Emilie eine Nadel mit Faden schicken soll, denn »alle modernen Hosennähte sind nur geheftet und haben die Eigentümlichkeit immer an den bedenklichsten Stellen zu reißen, wo Hilfe ebenso nöthig wie schwierig ist. Denn gerade mit Rücksicht auf die Stelle kann man sich nicht vertraulich an ein kleines rothköpfiges Dienstmädchen wenden. Es wäre schon fast wie ein Antrag.«

Fontane gibt Sommerfrischen im Riesengebirge und im Harz den Vorzug, und wie andere Erfahrungen auch werden die Urlaubsorte zum Schauplatz, ja zum Thema von Romanen. Während eines Aufenthaltes im schlesischen Gebirge erhält Fontane Informationen über einen Kriminalfall – ein Wilderer erschießt den Förster, der ihn gedemütigt hatte – und verarbeitet den Hinweis in dem Roman »Quitt«. Zugleich erfährt der Leser manches über das sich allmählich entwickelnde touristische Leben in einem Gebirgsort, der von Berliner Beamten ebenso besucht wird wie von vermögenden Fabrikanten. Die Gäste unternehmen weite Wanderungen – Fontane berichtet in Briefen von seinen eigenen Touren mit Bekannten –, und Einkehr hält man in Gasthäusern am Wege, die man jedes Jahr aufs neue aufsucht.

Ähnlich wie die Landpartie hält auch die Sommerfrische in der Regel keine kulinarischen Offenbarungen bereit, sofern man sich nicht von einer einfachen, aber kräftigen und nahrhaften Kost besonders angesprochen fühlt. Bei Menüs läßt sich fast immer eine Bier- und eine Weinkü-

Theodor Fontane.
Bleistiftzeichnung
von Albert Korneck, 1889

»In Deutschland, meine gnädigste Frau, die Felchen im Bodensee (man muß Markgräfler dazu trinken), und in Italien die Maränen aus dem Lago di Bolsena ... Die bedingungslos schönsten aber hab ich erst ganz vor kurzem in meiner Heimat, will sagen in der schottischen Heimat meiner Familie, kennengelernt.«

»Und das waren?«

»Lachsforellen aus dem Kinross-See. Maria Stuart saß da gefangen, in einem alten Douglas-Schlosse mitten im See, und wenn sie während dieser Gefangenschaftstage, neben der Liebe von Willy Douglas, eines beiläufig illegitimen, also doppelt verführerischen Sohnes des Hauses, irgend etwas getröstet haben kann, so müssen es die Lachsforellen gewesen sein.«

»Und doch«, unterbrach hier der Emeritus, »wag ich die Behauptung, daß das, was unser Harz und speziell unsre Bode bietet, Ihre Lachsforellen im ...«

»Kinross-See.«

»Im Kinross-See also, um ein Beträchtliches überbietet. Nicht auf dem Gebiete der Lachsforelle, nicht Forelle gegen Forelle, wohl aber...«

»Nun?«

»Wohl aber Schmerle gegen Forelle.«

»Schmerle?« wiederholte Cécile. »Was ist das? Kennen Sie Schmerlen, Herr von Gordon?«

»O gewiß. Ich entsinne mich ihrer aus meinen Kindertagen her, und bei meiner Anlage zur Gourmandise könnt ich mich allenfalls entschließen, eine Kunst- und Entdekkungsreise zu machen, um das Gelobte Land der Schmerlen kennenzulernen.«

Einige Tage später unternimmt man einen Ausflug, um die Streitfrage der Vorzüge bzw. Nachteile von Forellen und Schmerlen endgültig zu klären, und wandert zum Altenbraker Forst. Der Gastgeber, der Altenbraker Präzeptor, empfiehlt Schmerlen als ersten Gang, denn für sich allein genommen genügten sie nicht, da man sich an ihnen hungrig äße; der zweite Gang sollte dann ein Rehrücken sein. Die Gesellschaft stimmt zu, und das Essen wird von Versen begleitet, die etwas gewalttätig Reime auf »Schmerle« zu finden suchen. Der heutige Leser kann sich kaum noch einen Reim auf diesen Fisch machen, sondern muß in einem Küchenlexikon des 19. Jahrhunderts nachschlagen, um sich zu orientieren. Dort heißt es, die Schmerle gehöre zur Gattung der karpfenähnlichen Bauchflosser, lebe am liebsten in klaren Gebirgsbächen, habe – namentlich im Winter – ein schmackhaftes Fleisch und werde frisch oder mariniert gegessen.

Zwischendurch wird den Ausflüglern noch eine Kerbelsuppe gereicht, hinsichtlich derer der Haushalt der Frau Präzeptorin ein Renommee hat, und für Oberst Arnaud steigen mit dem Duft der Suppe kulinarische Jugenderinnerungen auf. Jeden Mittwoch gab es in der Kerbelzeit auch Kerbelsuppe, anschließend Reis und Saucißchen. Dann ist noch die Getränkefrage zu klären, ein Mosel, den der Präzeptor über alles schätzt, wird nicht gewünscht, sondern ein Gebräu der Braunschweiger Gegend, und das kann nur ein Bier sein, und so entscheidet man sich für ein einfaches Blankenburger Helles.

Derartige landestypische Köstlichkeiten machen auch für Fontane den Reiz des Essens unterwegs aus, doch mit zunehmendem Alter begnügt er sich zumeist mit kleineren Gerichten, und abends gibt es häufig nur noch Tee und Schinkenbrot. Die Sommerfrischen in weniger komfortablen Häusern werden abgelöst von Kuraufenthalten in Kissingen und Karlsbad. Einen typischen Kurtag beschreibt er in einem Brief an die Tochter recht minutiös. Er und Emilie sind in Karlsbad, um mit einer Brunnenkur wieder zu Kräften zu kommen. Morgens steht man um 6.30 Uhr auf, geht um 7.30 zum Brunnen, anschließend Spaziergang und Einkauf von Gebäck, von 9.00 bis 9.30 Frühstück. Dann längeres Ruhen, Lesen, Schlafen, gefolgt vom Mittagessen – ein halbes Rebhuhn, eine Mehlspeise und ein Glas Pilsener – und Siesta im Zimmer. Von 16.00 bis 18.00 Kaffeetrinken, vielleicht auch nur Milch oder Gieshübler, Gang durch den Ort, Schinkeneinkauf, Abendbrot um 20.00 Uhr, gegen 21.00 Uhr »in die Klappe«.

Jedes Jahr wird man zwar noch zur Kur reisen, aber die Kräfte lassen immer mehr nach, der Puls wird schwächer, Fontane fragt sich, was das alles noch solle, um 9 Uhr sei doch alles vorbei.

Am Abend des 20. September 1898 stirbt Theodor Fontane in seiner Wohnung – kurz nach 9 Uhr.

Aal grün

1 kg Aal
2 EL Butter
2 EL Mehl
2 Eigelb
125 ml süße Sahne
Zitronensaft
weißer Pfeffer
Salz
je 2 EL gehackte Petersilie und Dill

Sud

250 ml Weißwein
500 ml Wasser
3–4 EL Essig
1 EL Pfefferkörner
Salz
2 Lorbeerblätter
2 Salbeiblätter
1 kleine Petersilienwurzel
1 Zwiebel

Den geputzten Aal in etwa 5 cm lange Stücke schneiden und in einem gut duchgekochten Sud (ca. 20 Minuten) aus den obigen Zutaten etwa 15 Minuten garziehen lassen. Die Aalstücke herausnehmen und warmstellen.

Den Aalsud durch ein Sieb gießen, etwa 250 ml abmessen. Aus Butter und Mehl eine helle Schwitze bereiten, mit dem Sud ablöschen und zu einer glatten Sauce rühren. Die Eigelbe mit der Sahne verrühren und in die Sauce quirlen. Mit Salz, Pfeffer aus der Mühle, evtl. Zitronensaft und etwas Zucker abschmecken, nicht mehr kochen lassen. Die gehackten Kräuter unterziehen. Die Sauce über die Aalstücke geben, mit Schwenkkartoffeln oder neuen Pellkartoffeln servieren. Gurkensalat dazu reichen.

In ›Löbbekes Kaffeehaus‹ gab es bei der Landpartie der van der Straatens und ihrer Freunde nach dem Aal als zweiten Gang Hühnchen mit neuen Kartoffeln und zu beiden Gerichten das landesübliche Getränk, ›eine kühle Blonde‹. Als der Abend kälter wurde, bestellte man zum Aufwärmen einen Glühwein.

Schnitzel mit Kapern und Sardellen

4 Kalbs- oder Schweineschnitzel
2 EL Mehl
1 großes Glas Kapern
8 kleine eingelegte Sardellenfilets
Salz
Pfeffer
Zucker
etwas Zitronensaft
Butter zum Braten
Petersilie zum Dekorieren

Die mit Salz und frisch gemahlenem Pfeffer kräftig gewürzten Schnitzel leicht mehlen und in einer großen Pfanne in heißer Butter auf beiden Seiten goldbraun braten. Fleisch herausnehmen und auf vier vorgewärmte Teller legen. Den Bratfond mit der Kapernflüssigkeit und etwas Zitronensaft ablöschen, mit Salz, Pfeffer und Zucker abschmecken. Kapern und Sardellenfilets kurz darin erhitzen, dann zu dem Fleisch geben, dabei die Sardellenfilets sowie einige Kapern und Petersilie dekorativ auf den Schnitzeln arrangieren. Dazu passen Kartoffelsalat (mit Zwiebeln, Essig und Öl, nicht mit Mayonnaise angemacht) und Bier.

Vorlage von Adolph von Menzel für eine Bratenschüssel

Rehrücken

1 Rehrücken
1 Flasche Spätburgunder
2 Zwiebeln
1 EL Wacholderbeeren
1 EL Pfefferkörner
2 Lorbeerblätter
4 Gewürznelken
12 Scheiben Speck
Salz
Pfeffer
Koriander
2–3 EL Butterschmalz
1 Glas Wildfond
Johannisbeergelee

Den Rotwein mit den in Scheiben geschnittenen Zwiebeln, der Hälfte der Wacholderbeeren, den Pfefferkörnern, Lorbeerblättern und Gewürznelken aufkochen, abkühlen lassen und über den gehäuteten Rehrücken gießen. Über Nacht stehen lassen. Am nächsten Tag den Rehrücken aus der Marinade nehmen, abtrocknen, mit 6 in Streifen geschnittenen Speckscheiben spicken und mit Pfeffer, Salz, zerdrückten Wacholderbeeren und Koriander (oder mit einer Wildgewürzmischung) würzen. Das Fleisch in eine Bratform auf Zwiebelscheiben und die restlichen Speckscheiben legen, mit heißer Butter übergießen und in den vorgeheizten Ofen (200 Grad) schieben. Sobald der Bratensatz bräunt, etwas Rotweinmarinade und Wildfond angießen. Verdampfte Flüssigkeit immer wieder so ersetzen. 40–50 Minuten braten. Rehrücken außerhalb des Ofens ruhen lassen. Dann die beiden Fleischseiten vom Knochen lösen, schräg in dicke Scheiben schneiden, diese wieder auf den Knochen setzen. Die Sauce eventuell nachwürzen und mit Johannisbeergelee abschmecken. Dazu gebratene Waldpilze, breite Nudeln und eingemachte Preiselbeeren servieren. Und natürlich eine Flasche Burgunder.

Werder'scher Kirschkuchen

2 kg schwarze Kirschen

Teig

400 g Mehl
30 g Hefe
70 g Zucker
120 g weiche Butter
1/2 TL Salz
abgeriebene Schale einer halben Zitrone
1 Ei
250 ml Milch

In eine Schüssel zunächst das Mehl füllen, darauf die übrigen Zutaten geben und mit der lauwarmen Milch zu einem Teig verrühren, der gut geschlagen werden muß (evtl. mit dem elektrischen Knethaken). An einem warmen Ort etwa 30 Minuten gehen lassen. Inzwischen die Kirschen entsteinen. Dann den Teig ausrollen und ein gut gefettetes Backblech damit auslegen, einen kleinen Rand formen. Wiederum etwas gehen lassen und dann mit den entsteinten Kirschen dicht belegen. Im vorgeheizten Ofen bei 200 Grad auf der unteren Schiene 25–30 Minuten backen. Den beim Entsteinen ausgelaufenen Kirschsaft mit Zucker etwas einkochen und über den noch warmen Kuchen träufeln. Mit Zucker und Zimt bestreuen.

Literaturverzeichnis

Barry, Michael: Old English Recipes. Nachdruck, Norwich 1995

Berg-Ehlers, Luise (Hrsg.): Fontane-Almanach, Berlin 1997

Brandes, Georg: Berlin als deutsche Reichshauptstadt, Berlin 1989

Brillat-Savarin, Jean Anthelme: Physiologie des Geschmacks oder Physiologische Anleitung zum Studium der Tafelgenüsse. 2. Aufl., Leipzig 1991

Davidis, Henriette: Praktisches Kochbuch für die gewöhnliche und die feinere Küche. Nachdruck, Augsburg 1996

Delafosse, Marcel: Petite Histoire de l'Île d'Oléron, La Rochelle 1994

Escoffier, u. a.: L'Art Culinaire Française, Paris 1957

Fontane, F. C.: Wie man in Berlin zur Zeit der Königin Luise kochte, Berlin 1903

Fontane, Theodor: Briefe Bd. 1ff. Hrsg. von Walter Keitel und Helmuth Nürnberger (= Hanser-Ausgabe), München 1976ff

Fontane, Theodor: Reisebriefe aus Jütland. In: Unterwegs und wieder daheim (= Nymphenburger Ausgabe), München 1972

Fontane, Theodor: Tagebücher 1852. 1855-1858. Hrsg. von Charlotte Jolles unter Mitarbeit von Rudolf Muhs. (= Große Brandenburger Ausgabe), Berlin 1994

Glatzer, Ruth (Hrsg.): Berlin wird Kaiserstadt. Panorama einer Metropole 1871-1890, Berlin 1993

Hartley, Dorothy: Food in England, London 1996

Hochhuth, Rolf u. a.: Die Kaiserzeit, München 1985

Jolles, Charlotte: Fontane und die Politik, Berlin 1983

Jolles, Charlotte: Theodor Fontane. 4. Aufl., Stuttgart 1993

Jung, Peter (Hrsg.): Mark Brandenburg, Berlin 1991

Kastan, Isidor: Berlin wie es war, Berlin 1925

Löffler-Bechtel: Großes Illustriertes Kochbuch. 13. Aufl., [Ulm 1897]

Nown, Graham: Mrs. Beeton. 150 Years of Cookery & Household Management, London 1986

Nürnberger, Helmuth: Fontanes Welt, Berlin 1997

Petit, Jacques-Guy u. a.: Histoire des galères, bagnes et prisons, Toulouse o. J.

Sagave, Pierre-Paul: Berlin Paris 1871. Reichshauptstadt und Hauptstadt der Welt, Frankfurt/M. 1971

Schambach, Bernhard: Köstliches aus der alten Berliner Küche. Gerichte mit Geschichte aus Berlin und der Mark Brandenburg, Bielefeld o. J.

Schreiber, Marie: Berliner Kochbuch für bürgerliche Haushaltungen von 1839. Nachdruck, Berlin 1979

Schultz, Violet: In Berlin in Stellung. Dienstmädchen im Berlin der Jahrhundertwende, Berlin 1989

Springer, Robert: Berlin. Die deutsche Kaiserstadt. Nachdruck, Berlin 1988

Täubrich, Hans-Christian: Zu Gast im alten Berlin, München 1990

Treskow, Maria von: Berliner Kochbuch. Aus alten Familienrezepten, Weingarten 1987

Verk, Sabine (Hrsg.): Geschmackssache. Kochbücher aus dem Museum für Volkskunde, Berlin 1995

Die Auszüge aus dem Werk Theodor Fontanes wurden den Erstausgaben bzw. zeitgenössischen Ausgaben entnommen und in ihrer Orthographie behutsam heutigen Gewohnheiten angepaßt.

Foto- und Copyrightnachweis

Uwe Anhäuser, Bundenbach: S. 93
Berlinische Galerie, Berlin: S. 125 (© VG Bild-Kunst, Bonn 1997), 131 (© VG Bild-Kunst, Bonn 1997)
Bildarchiv Preußischer Kulturbesitz, Berlin: S. 1, 19 (© VG Bild-Kunst, Bonn 1998), 29, 77, 94/95, 97, 102, 107, 113, 122/123, 130, 132/133, 150/151 (© VG Bild-Kunst, Bonn 1998), 165
Fridmar Damm, Köln: S. 38
Freies Deutsches Hochstift - Frankfurter Goethe-Museum, Frankfurt/M.: S. 160 (Foto: Ursula Edelmann)
Kunsthalle Bremen: S. 149 (© VG Bild-Kunst, Bonn 1998)
Landesarchiv Berlin: S. 110, 111, 147 unten
Landesbildstelle Berlin: S. 147 oben, 148
Landesgeschichtliche Vereinigung für die Mark Brandenburg e. V. - Archiv, Berlin: S. 104
Florian Monheim, Düsseldorf: S. 60/61, 87
Privatbesitz: S. 31, 53, 106 links, Umschlagklappe
Peter Sager, Hamburg: S. 44
Walter Schmitz/Bilderberg, Hamburg: S. 42/43
Heinpeter Schreiber, Köln: S. 2/3, 8, 11, 54/55, 128, 129, 154/155
Stiftung Preußische Schlösser und Gärten Berlin-Brandenburg/Bildarchiv, Potsdam: S. 6/7
Tate Gallery, London: S. 40/41
Theodor-Fontane-Archiv, Potsdam: S. 14, 78, 105, 106 rechts, 108
The Savoy Group Press Office, London: S. 37

Alle anderen in diesem Band enthaltenen Farbfotografien stammen von Gregor M. Schmid.